JONAS VERLAG

Die Deutsche Bibliothek –
CIP-Einheitsaufnahme

Ein Titeldatensatz für diese
Publikation ist bei
Der Deutschen Bibliothek
erhältlich

Weidenhäuser Str. 88
D-35037 Marburg

Druck Fuldaer Verlagsagentur

ISBN 3-89445-274-9

Arnold - Bode - Preis
1980 / 2000

Positionen zeitgenössischer Kunst

Arnold Bode, dem Initiator der documenta, haben 1975 zum 75. Geburtstag über 100 Künstlerinnen und Künstler Werke geschenkt, die anschließend in eine Stiftung überführt wurden. Die Arnold-Bode-Stiftung vergibt seit 1981 den Arnold-Bode-Preis. Er ist bislang fünfzehnmal verliehen worden. Der Band stellt die Preisträgerinnen und Preisträger vor und dokumentiert die Geschichte der Preisvergabe.

Jonas Verlag

Herausgegeben von der
Arnold-Bode-Stiftung
der Stadt Kassel

Redaktion Harald Kimpel
Gestaltung Karl Oskar Blase

Gefördert durch die
Hessische Kulturstiftung

Inhalt ●

Heiner Georgsdorf

Vorwort

Der Arnold-Bode-Preis ist ein Künstlerpreis. Nicht nur, weil er Künstler und Künstlerinnen ehrt und fördert, sondern auch, weil er seine materielle Grundlage der Schenkung von Künstlern verdankt. Es handelt sich um Kunstwerke, mit denen documenta-Künstler Arnold Bode zum 75. Geburtstag reich beschenkten, und es war der Beschenkte selbst, den gleich am Abend seines rauschenden Geburtstagsfestes im Kasseler Kunstverein die Idee fesselte, die Sammlung in eine Stiftung zu geben – um daraus Mittel für einen Künstlerpreis zu gewinnen. Und schließlich war Arnold Bode, der die Verwirklichung seines Gedankens nicht mehr erleben konnte, selbst Künstler. Daran zu erinnern, ist nicht nur in diesem Zusammenhang angebracht. Daß die documenta – Prototyp der Großausstellung, deren Gestaltung heute eine Domäne von Kunsthistorikern ist, die selbst Künstler sein wollen – einmal von einem genuinen Künstler erträumt, in unvergeßlicher Weise verwirklicht und von ihm bis zu seinem Tode immer wieder aufs neue erkämpft wurde, das sollte nicht in Vergessenheit geraten.

Der Arnold-Bode-Preis ein Künstlerpreis, das ist noch kein Programm. Aber eine Eigenheit, die das jeweils auswählende Kuratorium bewußt beflügelt haben mag. Denn überfliegt man die Liste der Ausgezeichneten, so sieht man keine formale oder inhaltliche Leitlinie, wohl aber erkennt man, daß es sich um starke, eigenwillige Künstlerpersönlichkeiten handelt, jede durch ein solitäres Werk ausgezeichnet. Das gibt dem Bode-Preis sein spezifisches Flair: die überraschende, weil in dieser Kombination nicht unbedingt erwartete Aneinanderreihung von Namen künstlerischer Einzelgänger.

Das hat mit dem Findungsprozeß im Kuratorium zu tun, der durch individuelles Engagement und unabhängiges Urteil bestimmt wird. Aus meiner kurzen Erfahrung als Kuratoriumsmitglied darf ich sagen, daß dieses Gremium bei seinen Entscheidungen von äußeren Einflüssen frei, weder dem Druck von Trends noch kulturpolitischen Vorgaben ausgesetzt ist. Und so wird es auch früher gewesen sein: Es werden von einzelnen Kuratoriumsmitgliedern Vorschläge gemacht, zwei oder drei in die engere Wahl genommen, eingehend diskutiert und schließlich zur Abstimmung gestellt, wenn sich nicht zuvor schon ein Konsens ergeben hat. Die Vorschläge sind dabei wohl eher von persönlichen, aber fundierten Neigungen geprägt, mehr von der subjektiven Wertschätzung eines Künstlers als von objektivem Kalkül oder strategischen Motiven. Ich erinnere mich, daß ich früher, als Außenstehender, immer wieder von den Entscheidungen überrascht war, weil es nicht einer der „angesagten" Namen war, auf die man getippt hätte.

documenta-Leiter waren im Kuratorium und hatten ihre Chance. Es hat sich ergeben, daß die Preisträger bislang auch immer documenta-Teilnehmer waren. Doch war das keine zwingende Voraussetzung, unterstrich eher das angestrebte Niveau. Allerdings hat sich eingebürgert, in einem documenta-Jahr einen Künstler, eine Künstlerin aus der aktuellen Schau zu wählen. Von Anfang an war der Preis ja auf affine Weise mit der documenta verbunden. In der Tat wurde auch schon eine Umbenennung in Arnold-Bode-documenta-Preis erwogen, aber das primär deshalb, um Bodes historische Bedeutung für die documenta in Erinnerung zu halten.

Eingebürgert hat sich auch, die Preisverleihung zu einem öffentlichen Ereignis zu machen und – wenn immer möglich – mit der Eröffnung einer Werkschau zu verbinden. Das ist einer Initiative des Kasseler Kunstvereins zu verdanken, der sich damit selbst in eine willkommene Pflicht genommen hat, die er gern mit der Neuen Galerie und dem Museum Fridericianum teilt.

Der Arnold-Bode-Preis hat zwei Väter: Arnold Bode, den Anreger und posthum auch Namensgeber des Preises. Und Karl Oskar Blase, der die Idee zur Geschenkaktion hatte, der sich dann für die Verwirklichung des Preises engagierte und über nahezu zwei Jahrzehnte als Kuratoriumsvorsitzender mit Umsicht und Sachverstand einen sicher nicht hoch genug anzusetzenden Beitrag zum Ansehen des Preises leistete.

Dieser Band erfüllt dem „Ziehvater" einen lang gehegten Wunsch. Und natürlich nicht nur ihm. Von Karl Oskar Blase selbst gestaltet, stellen sich die Entscheidungen der kleinen, aber effizienten Jury, die sich in gleitenden Übergängen immer wieder personell austauschte, zwanzig Jahre nach der ersten Preisverleihung der Öffentlichkeit in einer Gesamtschau vor.

Der Band, der mit freundlicher Unterstützung der Preisträger und mit Mitteln der Hessischen Kulturstiftung realisiert wurde, informiert nicht nur über die Geschichte des Bode-Preises und damit über bedeutende Vertreter der Gegenwartskunst, sondern bietet zugleich, komprimiert, einen spannenden Blick auf zwei Jahrzehnte documenta-Geschichte sowie auf maßgebliche künstlerische Positionen – ein Dokument selektiver Wahrnehmung, gleichwohl von intuitiv sicherem und überdauerndem Qualitätsgefühl durchdrungen. Wurde doch der Preis oft zu einem Zeitpunkt verliehen, als die Kunst des Ausgezeichneten noch nicht so anerkannt war oder nicht up to date schien. In den Laudationes wird die Zeitgebundenheit des kunstkritischen Kommentars deutlich: Die sprachliche Auseinandersetzung mit dem Preisträger macht den jeweiligen Stand der analytischen Durchdringung eines sich weiterentwickelnden Werks sichtbar. Der Work-in-progress-Charakter bestimmt in einigen Fällen auch die Auswahl der Abbildungen, die in Abstimmung mit den Künstlerinnen und Künstlern vorgenommen wurde. Bewußt werden Werke aus der Zeit der Preisverleihung mit aktuelleren Arbeiten, aber auch mal mit solchen aus vorangegangenen Phasen kombiniert.

Der Stadt Kassel ist – wieder einmal – zu danken, daß sie sich von Bodes Idee einnehmen ließ und die administrativen Voraussetzungen für ihren bedeutendsten Kunstpreis schuf. Zu danken ist auch der Kasseler Sparkasse, die mit der Stadt zusammen ein tragfähiges und dauerhaftes Fundament für die Stiftung entwickelte.

Den ehemaligen und jetzigen Mitgliedern des Kuratoriums ist zu danken, die sich engagiert, kompetent und kooperativ dieser ehrenamtlichen Aufgabe widmeten und widmen. Vor allem aber ist den Künstlerinnen und Künstlern zu danken für ihre Bereitschaft, den Preis anzunehmen. Denn der Preis ist ein Geschenk, das durch seine Annahme wiederum den Preisgeber beschenkt und ehrt.

Hannsjörg Voth

„Goldene Spirale". 1993-98. Marokko

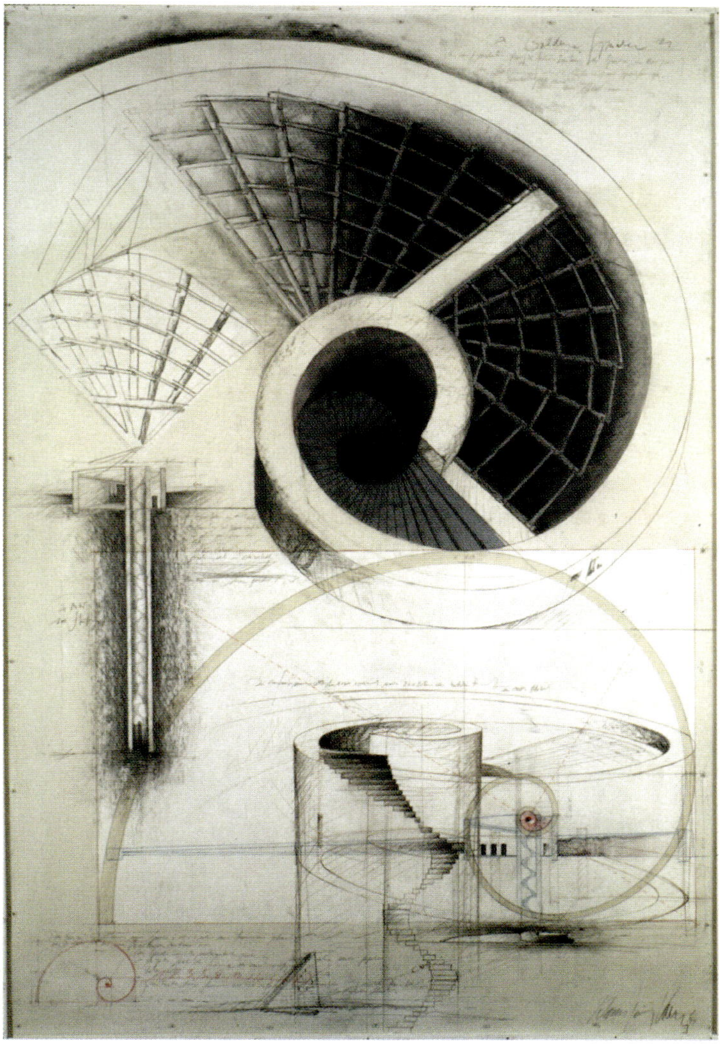

„Goldene Spirale“. 1994. Zeichnung auf Transparentpapier. 171 x 120 cm

„Goldene Spirale“. 1993-98. Marokko

Hannsjörg Voth

„Boot aus Stein". 1978-81.
Ijsselmeer, Niederlande

„Himmelstreppe". 1980-98. Marokko

„Himmelstreppe". 1980-98. Marokko

„Isola". 1975-82. documenta 7, Museum Fridericianum

„Tutto in dentro“. 1992. documenta 9, documenta-Halle

„Iglu“. 1982. documenta 7

„Accelerazione = sogno, numeri Fibonacci neon piu motocicletta fantasma". 1972. documenta 5, Museum Fridericianum

„Igloo di Marisa“. 1971. documenta 5, Museum Fridericianum

„Sala dei Billiardi“. 1981

„Courbet". 1986. Öl auf Leinwand.
300 x 250 cm

„Atlas". MACBA, Barcelona 1999

„Blumen". 1992. Öl auf Leinwand. 41 x 51 cm

„Abstraktes Bild". 1982. Öl auf Leinwand. 260 x 400 cm

„Installation". 1992. documenta 9,
Temporäre Bauten

„Travertino Romano Classico". 1992.
documenta 9, Neue Galerie

„Den Menschen der Zukunft". 1990.
Kunstverein Hannover

„Construire". 1989. Kunsthalle Zürich

„Den Menschen der Zukunft". 1990.
Kunstverein Hannover

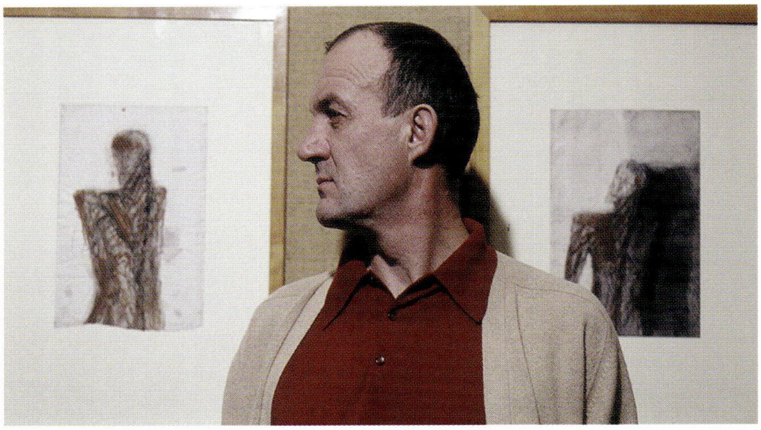

„Tor". 1990. Eingang in das Österreichische Museum für angewandte Kunst, Wien

„Haus für den Grat und die Schlucht". 1996.
Modell

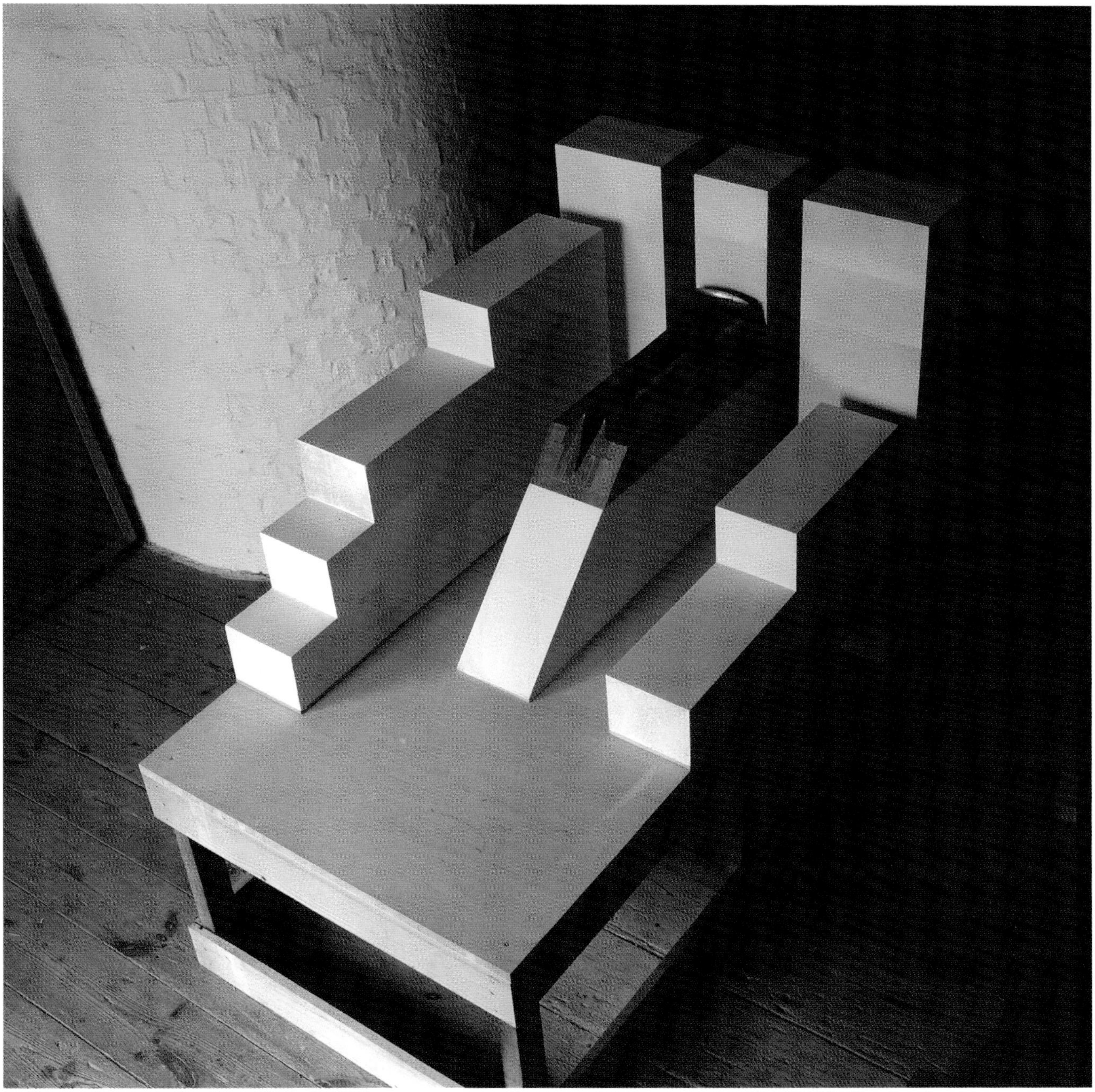

„Tor". 1987. Bleistift, Tempera auf Papier

„Haus für den Grat und die Schlucht, Stein-Version". 1995. Tempera, Bleistift auf Papier

„Haus in einer Schlucht". 1996. Tusche, Tempera auf Papier

„Der Zeichner". 1994. Tusche auf Karton

Ulrich Rückriem

1994. Finnischer Granit, gespalten und geschnitten. 240 x 142 x 110 cm. Zeche Zollverein

1998. Spanischer Granit, gespalten.
720 x 240 x 90 cm. Manchester

„Sieben Variationen eines Blockes". 1991. Finnischer Granit, gespalten. 70 x 70 x 140 cm

1986. Porto-Schiefer, gespalten und geschnitten. Je 15 x 150 x 150 cm. Halle A Sinsteden 1994

Halle B Sinsteden 1994

„Pfauenmaschine". 1982. documenta 7

„Kopfextension". 1972. Performance

„Pfauenmaschine". 1982. documenta 7

„Der Mond, das Kind, der anarchistische Fluß".
1992. documenta 9

„Concert for Anarchy". 1990

„Konzert für Buchenwald 2". 1999.
Schloß Ettersberg, Weißer Saal

„Konzert für Buchenwald 1". 1999.
Weimar, Straßenbahndepot

Ohne Titel. 1998. Blütenstaub von Haselnuß in Wandnische. Galerie Sperone Westwater, New York

„Blütenstaub von Kiefern". 1998. 230 x 260 cm. Galerie Kenji Taki, Nagoya

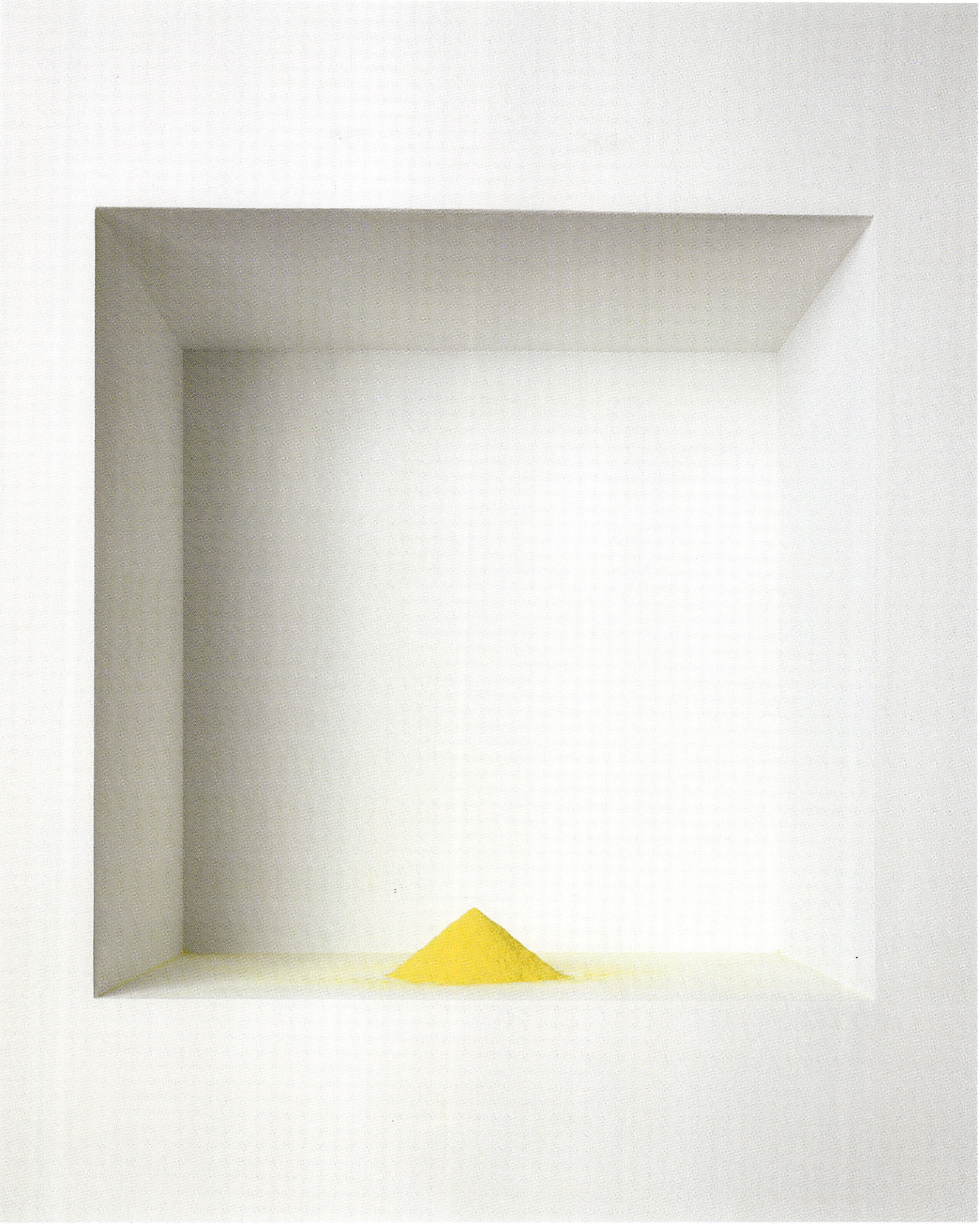

„Die fünf unbesteigbaren Berge". 1985.
Blütenstaub von Haselnuß. Höhe ca. 7 cm

„Reishaus". 1997. Weißer Marmor, Reis.
14 x 19 x 61 cm

„Reishaus". 1996. Weißer Marmor, Reis, Blütenstaub von Haselnuß. 25 x 27 x 97 cm. „Reishaus". 1996. Weißer Marmor, Reis. 18 x 18 x 77 cm. Galerie Kenji Taki, Nagoya

„Nowhere – Everywhere". 1998. Bienenwachs, Holzkonstruktion. Je 386 x 373 x 75 cm. Galerie Sperone Westwater, New York

„John Doe". 1959. The Menil Collection, Houston, Texas

„Roxys". 1961-62. Sammlung Reinhard Onnasch, Berlin

RIDDLE: WHY IS JOHN DOE LIKE
A PIANO?
ANSWER: BECAUSE HE IS SQUARE,
UPRIGHT AND GRAND.
—OLD SOOTHE SAYING

ELJ 123

„Back Seat Dodge '38". 1964. Los Angeles County Museum of Art

„Five Car Stud". 1969-72. Privatsammlung, Japan

„The Wait". 1964-65. The Whitney Museum of American Art, New York

„Eis". 1987. documenta 8

„Die Fremden". 1992. documenta 9

„Liebesnest". 1997. documenta 10

„Portrait L.". 1996. Aquarell

„Portrait L.". 1996. Aquarell

„Portrait L.". 1996. Aquarell

„Drei Tische". 1982. Tisch mit blauer Kugel, Tisch mit schrägem braunem Kasten, Tisch mit grünem Block. Holz, Metall, Lack, Seil. Je 89,5 x 180 x 115 cm. documenta 7, Museum Fridericianum

„Kreuz für eine Säule". 1977. documenta 6,
Museum Fridericianum

„Endlose Überkreuzung auf zwei Spiegeln". 1995. Spiegel, Folie. Je 240 x 300 cm. IVAM, Centrum für moderne Kunst, Valencia

„Red Lift – Blue Lift". 1992. documenta 9, Museum Fridericianum

„Lodenfahne". 1987. Fahrräder, 14 m Lodenstoff, Fahnenmast. Höhe ca. 7 m.
Skulptur Projekte Münster, Westfälisches Landesmuseum

documenta 8, 1997. Museum Fridericianum

„Troisième printemps“. 1999. Villa Arson, Nizza

„Velodromo". 1998. Arte all' Arte, Montalcino

„Erst rechts, dann links, dann immer geradeaus". 1996. Kunstbau, Städtische Galerie im Lenbachhaus, München

„Besiktas Jimnastik Kulübü". 1995.
In Zusammenarbeit mit Christoph Daum.
Istanbul Biennale

„13.4.1981". 1987. Berlin, Kurfürstendamm

„The Watching". 1992. documenta 9,
Museum Fridericianum

„The Watching". 1992
documenta 9,
Museum Friedericianum

„The Watching". 1992. documenta 9, Museum Fridericianum

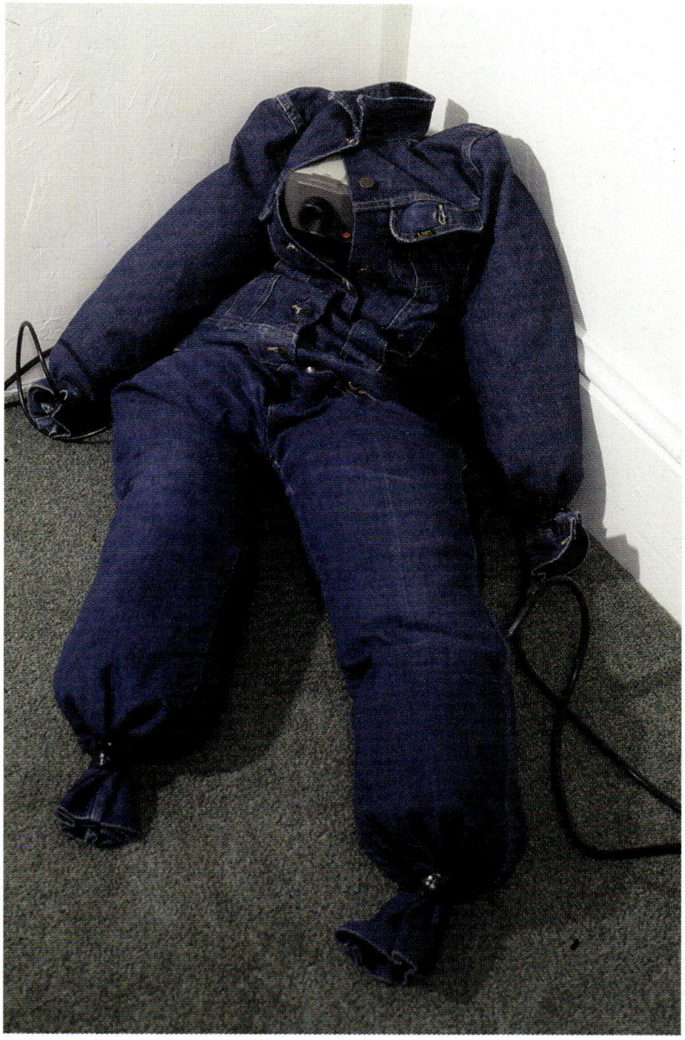

„Living Room. Dummy". 1991

„Living Room. Dummy 1". 1991

„I'm dreaming of a white Christmas". 1968. Öl auf Leinwand. 106,5 x 160 cm

„Bathroom fig.1". 1997. Iris digital print

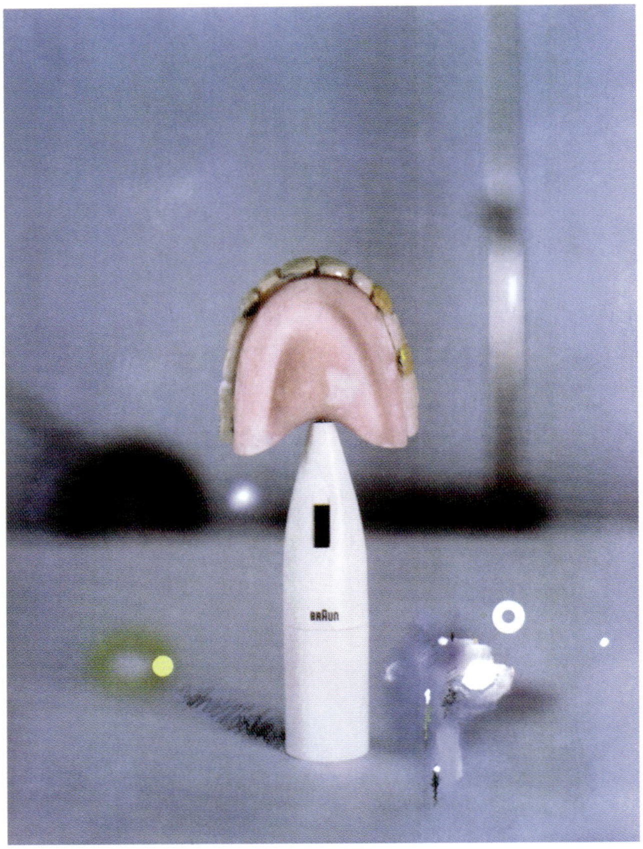

„The critic laughs". 1968. Offset-Lithographie

„Infowell". 1997. Typosophischer Pavillon, documenta 10

„Attic“. 1995-96. Cibachrome auf Leinwand.
122 x 244 cm

„Dining room/kitchen“. 1994-95. Cibachrome auf Leinwand. 122 x 203 cm

„Screens: Railway Map Germany 1938". 1996.
Gummi. 300 x 240 x 1 cm

„Sealed Cape (Acephalus)". 1994. Silikon-Gummi. 70 x 180 x 130 cm

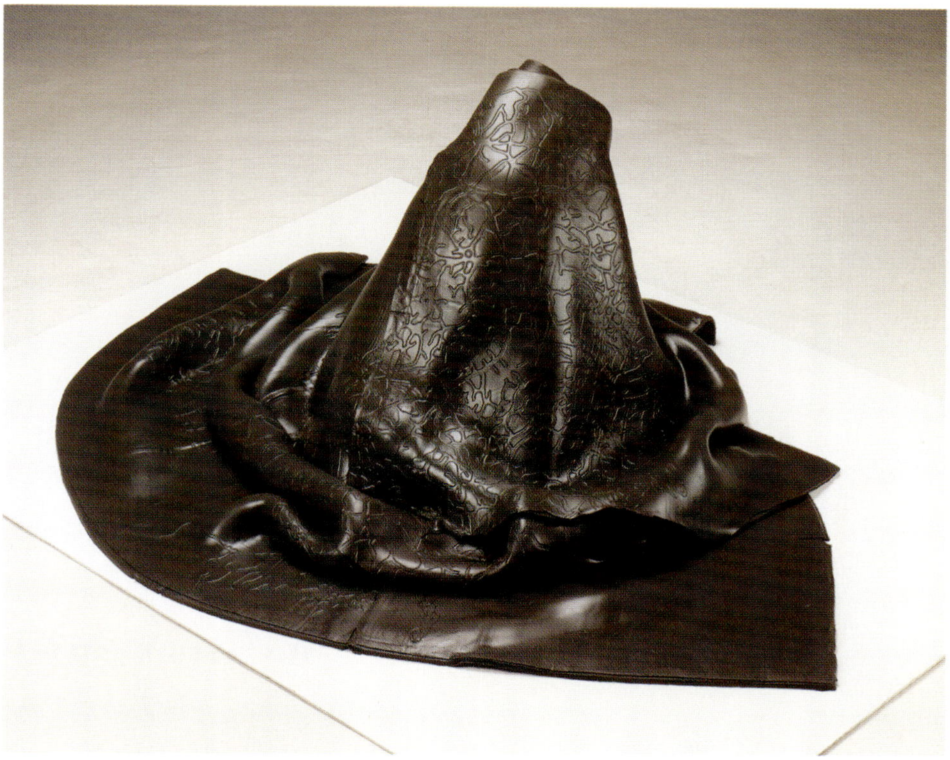

„Mental Maps – Unvoluntary Memory". 1997. documenta 10

„Grotesque". 1998. Gummi, Mischtechnik.
600 x 450 x 350 cm

„The irrationality of rationality itself". 1996.
Installation. 350 x 234 x 214 cm

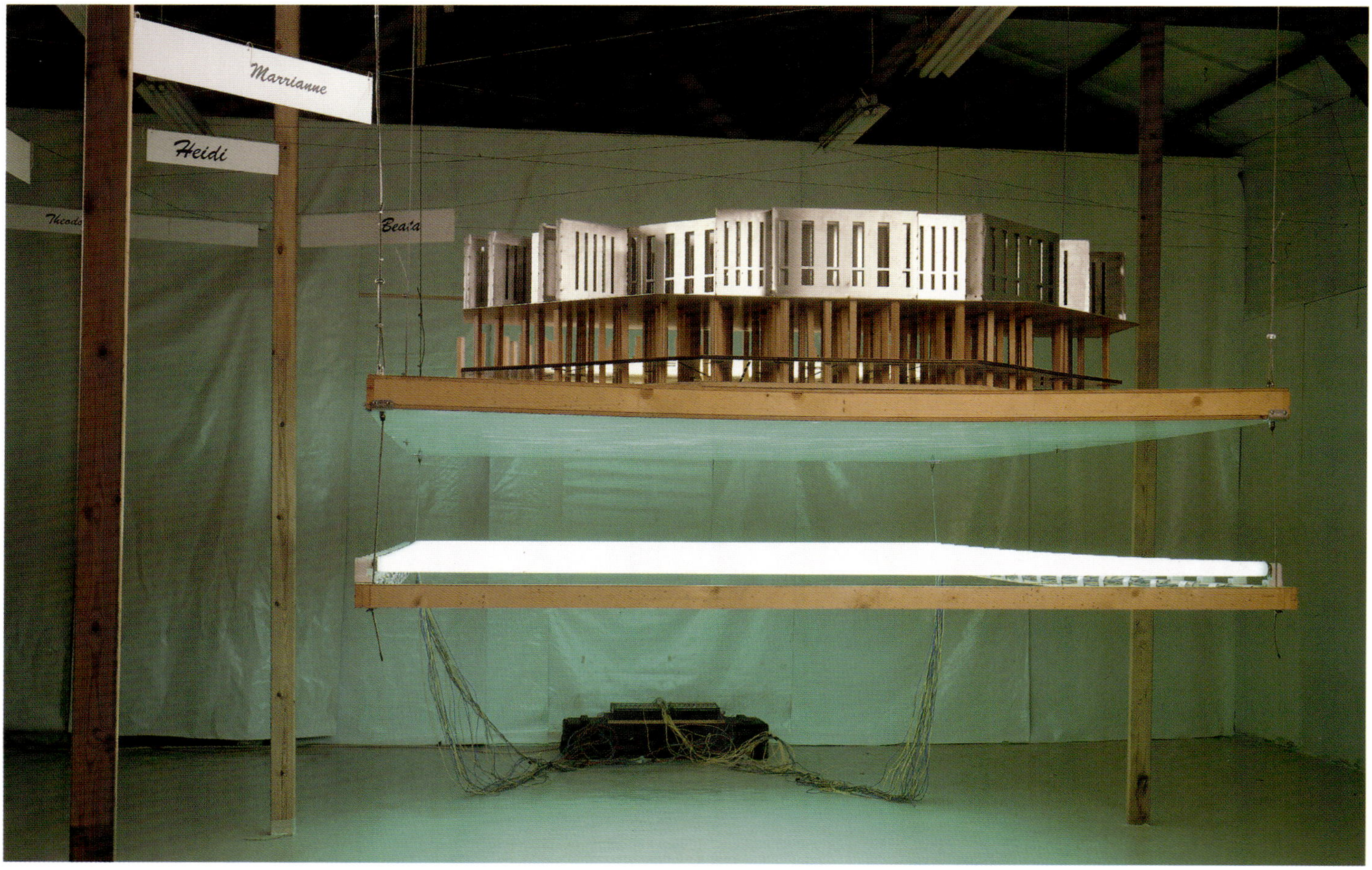

„Storagescape". Mental Maps – Production Halls. 1993. Installation. 600 x 120 x 240 cm. Ein Harod Museum of Art

„Mental Maps – Production Halls". 1993. Installation. 300 x 150 x 130 cm. Ein Harod Museum of Art

1975

Geburtstag

Als in Kasseler Kulturkreisen die Frage aufkommt, auf welche Weise der 75. Geburtstag von Arnold Bode, dem „geborenen Unruhestifter“ (Lothar Orzechowski), angemessen zu begehen wäre, beantwortet sie der Kasseler Kunstverein auf seine Weise, die zugleich auch Bodes Weise ist: Auf Anregung von Karl Oskar Blase – Vorstandsmitglied des Kunstvereins, Professor an der Kunstakademie und Weggefährte des Jubilars – werden Teilnehmerinnen und Teilnehmer früherer documenta-Ausstellungen gebeten, dem „Vater“ der Institution zu Ehren jeweils eine Arbeit zu schenken. Die über 100 Antworten, die aus aller Welt eingehen – Zeichnungen, Graphiken, Plastiken und Kunstwerke anderer Art – werden ab 22. Dezember 1975 in einer Ausstellung des Kunstvereins präsentiert: „künstlerische Dokumente, die einem Persönlichkeitskult entsagen, dafür aber einen Diskussionsbeitrag zur heutigen kulturpolitischen Situation darstellen.“ (Karl Oskar Blase) Zwischen der umstrittenen documenta 5 (1972) und der zu diesem Zeitpunkt noch gänzlich im Ungewis-

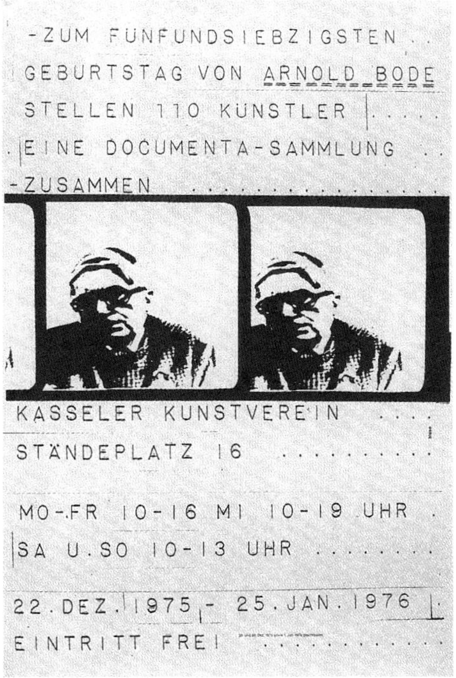

sen liegenden documenta 6 (1977) entsteht eine „Mini-documenta", die „im Taschenformat die wichtigsten Künstler der letzten dreißig, vierzig Jahre vereint." (Dirk Schwarze)

Und der auf diese Weise Geehrte macht seinem Ruf als Weiterdenker alle Ehre, indem er sogleich vorsieht, das Geschenk der Künstler an den Künstler der Öffentlichkeit zugänglich zu machen: eine willkommene Gelegenheit zur Wiederaufnahme eines bereits während des gesamten Geburtstagsjahrs gehegten Plans der Einrichtung einer Stiftung zur Erinnerung an seine Person und deren Rolle im Rahmen der documenta-Geschichte.

1977 stirbt Arnold Bode, ohne dieses Ziel erreicht zu haben.

Kat. „Arnold Bode zum 75. Geburtstag". Kasseler Kunstverein 1975.
L.G.: Arnold Bode wird 75. In: Süddeutsche Zeitung, 23.12.1975.
Orzechowski, Lothar: Arnold Bode 75. documenta und mehr: Genie der Unruhe. In: Hessische/Niedersächsische Allgemeine, 23.12.1975.
Orzechowski, Lothar: Es wurde ein Fest im documenta-Stil. Ausstellungs-Eröffnung und eine Geburtstags-Party für Professor Arnold Bode. In: Hessische/Niedersächsische Allgemeine, 24.12.1975.
documenta-Vater ist 75. In: Münchner Merkur, 24.12.1975.
Schwarze, Dirk: „Wie geht es denn weiter?" Eine Geburtstags-Ausstellung für documenta-„Vater" Arnold Bode. In: Rheinische Post, 27.12.1975. U.a.
Orzechowski, Lothar: Für Arnold Bode. Arbeiten von 110 documenta-Künstlern im Kasseler Kunstverein. In: Hessische/Niedersächsische Allgemeine, 31.12.1975.
Blase, Karl Oskar: Künstler gratulieren Arnold Bode. In: Informationen. 12/1975. S. 15.
Lange, Rudolf: Eine Ausstellung als Geschenk zum Geburtstag. Kassel ehrt Prof. Arnold Bode auf ungewöhnliche Weise. In: Hannoversche Allgemeine, 9.1.1976.

1978

Gründung

Ein Jahr nach dem Tod des documenta-Initiators wird von der Stadt Kassel die „Arnold-Bode-Stiftung" ins Leben gerufen. Ihr satzungsgemäßer Zweck ist „die allgemeine Förderung von Kunst und Kultur, insbesondere durch die Vergabe eines ‚Arnold-Bode-Preises'". Das Stiftungsvermögen basiert auf den Geschenken der documenta-Künstler sowie 111 Werken von Arnold Bode aus Familienbesitz, betreut von den Staatlichen Kunstsammlungen Kassel. Die zunächst jährlich vergebene Auszeichnung ist verbunden mit einem Geldpreis von 10.000 DM, der 1988, nach dem Entschluß zu einem zweijährigen Vergaberhythmus, auf 15.000 DM erhöht wird. Als Vorsitzender der Stiftung fungiert der Kasseler Oberbürgermeister Hans Eichel. Ein fünfköpfiges, auf fünf Jahre berufenes Kuratorium ist verantwortlich für die Auswahl der Preisträger. Es besteht aus einem Mitglied der Familie Bode, einem Finanzsachverständigen sowie drei Kunstexperten, unter letzeren ein Angehöriger der künstlerischen Fachbereiche der Gesamthochschule Kassel. In der Gründungsphase setzt sich das Kuratorium unter dem Vorsitz von Karl Oskar Blase aus Peter M. Bode, Hans Karl Nelle (Vorstandsvorsitzender der das Stiftungsvermögen verwaltenden Stadtsparkasse Kassel), der Kunstkritikerin Petra Kipphoff („Die Zeit") und dem Ausstellungsorganisator Harald Szeemann zusammen.

Orzechowski, Lothar: Kassel kündigt eine A.-Bode-Stiftung an. In: Hessische/Niedersächsische Allgemeine, 24.12.1977.
Kassel gründet eine Arnold-Bode-Stiftung. In: Frankfurter Rundschau, 28.12.1977.
Wurbs, Ludolf: Eine Stiftung – als Erinnerung an Arnold Bode. In: Informationen. 7-8/1978. S. 3.
Blase, Karl Oskar: Arnold-Bode-Stiftung. In: Informationen. 7-8/1978. S. 4.
Plan einer Arnold-Bode-Stiftung. In: Süddeutsche Zeitung, 19.8.1978.
Orzechowski, Lothar: Vor einem Jahr. In: Hessische/Niedersächsische Allgemeine, 3.10.1978.
Schaake, Manfred: Bode-Stiftung vor Parlament. In: Hessische/Niedersächsische Allgemeine, 3.11.1978.
Orzechowski, Lothar: Ein chancenreiches Wagnis. In: Hessische/Niedersächsische Allgemeine, 8.11.1978.
Kassel beschloß Arnold-Bode-Stiftung. In: Frankfurter Allgemeine Zeitung, 9.11.1978. U.a.
10 000 DM für junge Künstler. In: Hessische/Niedersächsische Allgemeine, 25.11.1978.

1980

Hannsjörg Voth

Preisverleihung •
9. Oktober 1980 im Magistratssaal des Kasseler Rathauses. Die Laudatio hält Peter M. Bode (frei vorgetragen).

Text der Verleihungsurkunde •
Das Kuratorium der Arnold-Bode-Stiftung hat sich bei der erstmaligen Vergabe des Preises von dem Gedanken leiten lassen, einen jungen Künstler auszuzeichnen, dessen Werk zwar schon in der Fachwelt beachtet wurde (und wird), das sich jedoch noch im Entwicklungsprozeß befindet.

Als signifikant für diese Entwicklung hält das Kuratorium die konsequente Verfolgung einer künstlerischen Idee, die sich in überzeugenden Arbeiten der Zeichnung, der Objekt- und Aktionskunst manifestiert.

Das Prinzip, einem künstlerischen Projekt die begleitende künstlerische Dokumentation als Mittel der Realisierung dieses Projektes gleichzusetzen, hat Hannsjörg Voth bis an die Grenze der möglichen (künstlerisch technischen) Perfektion eingesetzt, ohne sich dieser ganz auszuliefern. Es ist, so meint das Kuratorium, die starke künstlerische Intention des Preisträgers, die seine „makellose Präsentation" vor einem leeren perfektionistischen „Dokumentarismus" bewahrt: Im Mittelpunkt seiner Arbeit steht die Verwirklichung seiner Konzeption.

Die größeren Werke der letzten Jahre, „Feldzeichen", „Platz der Macht" und „Die Reise ins Meer" zum Beispiel zeigen deutlich, daß der Künstler metaphysische Vorstellungen zu evozieren vermag, die faszinieren, nachdenklich machen und kritische Interpretation durch den Beteiligten in Gang setzen.

Besonders die letzte vollendete Aktion „Die Reise ins Meer" ist in ihrer Mehrdeutigkeit ein künstlerischer wie intellektueller Verweis auf den kulturellen Bestand unserer Gesellschaft. Beeindruckt vom kultisch, exotisch anmutenden Ritual wird gewissermaßen im Miterleben einer ungewöhnlichen, fiktiven Kulthandlung die Andersartigkeit oder Fragwürdigkeit von Gegenwart (von menschlicher Existenz) anschaulich und erlebbar.

Dabei ist eine kritische oder auch ironische Dimension hinter der so tiefsinnigen „Böcklinschen" Kulthandlung auszumachen; wenn man zum Beispiel an eine Art von Arche Noah denkt – Künstler, Kritiker und Sammler retten sich ins Innere des Floßhauses ... – oder an ein Trojanisches Pferd, in dem mit List eine künstlerische, nicht perfekte menschliche Welt in unsere Computergehirne eindringt.

Das Kuratorium würdigt bei seiner Entscheidung besonders das noch in Vorbereitung befindliche Projekt „Das Boot aus Stein", das nach dem Plan des Künstlers sehr große technische und finanzielle Anstrengungen erfordert.

Arnold-Bode-Preis noch 1979. In: Hessische/Niedersächsische Allgemeine, 25.11.1978.
Bode-Preis: erster Träger Hannsjörg Voth. In: Hessische/Niedersächsische Allgemeine, 5.12.1979.
Bode-Preis für Hannsjörg Voth. In: Abendzeitung, 14.6.1980.
Orzechowski, Lothar: Arnold-Bode-Preis für Hannsjörg Voth. In: Hessische/Niedersächsische Allgemeine, 10.10.1980.
Unterstützung aus Kassel. Hannsjörg Voth erhielt den Arnold-Bode-Preis. In: Frankfurter Rundschau, 14.10.1980.

Mario Merz

Preisverleihung •
30. April 1982 im Magistratssaal des Kasseler Rathauses. Die Laudatio hält Harald Szeemann (frei vorgetragen).

Text der Verleihungsurkunde •
Mit der Verleihung des Arnold-Bode-Preises 1981 an den in Turin lebenden italienischen Künstler Mario Merz ehrt die Arnold-Bode-Stiftung einen Künstler, der beispielhaft für eine progressive Generation von Bildhauern und Malern steht, die sich von dem Gedanken leiten läßt, rationale und irrationale ästhetische Sachverhalte der menschlichen Gesellschaft in ihrer Arbeit zu verbinden, um mit der Sprache der Kunst Aufklärung zu leisten, Utopie zu provozieren und „künstlerisches Wachstum" als alternativen Lebensraum sichtbar zu machen.

So sind die Objekte, Environments und Bilder von Mario Merz – aus verschiedenen Materialien – gleichsam als nachvollziehbare philosophisch-mathematische Systeme zu verstehen, wie auch als theoretische Lebensräume und -träume aus unrealisierbaren Ideen, die als solche, als „visualisierte Denkprozesse" Wirklichkeit bedeuten. Mario Merz verkörpert den Künstler als Träumer und Systematiker ohne Widerspruch in einer Person und demonstriert so radikale Freiheit und ihre durch biologisch-mathematische Gesetze begründete Einschränkung.

Zurückgehend auf die Zahlenreihe des Naturphilosophen Leonardo Fibonacci (um 1200) fragt er nach den „Maßen des Raumes" oder „was bedeutet es, ein Haus zu bauen?". Die „Energie der Zahl" ist ihm dabei wichtig; und er drückt damit eine Kraft aus, die als Kalkül sozialer und gesellschaftlicher Macht zu werten ist, die den Menschen zum denkenden, handelnden Mitbewohner dieser Erde macht. Die Zahl als ein „Symbol für Wirklichkeit und Wachstum" wird im Werk von Mario Merz zu einer nicht vereinnahmbaren Materialität; hierin äußert sich die kritische Intention von Mario Merz.

Die Arnold-Bode-Stiftung würdigt mit Mario Merz einen Künstler, der 1972 und 1977 auf den documenta-Ausstellungen in Kassel vertreten war und 1982 ein großes Projekt auf der documenta 7 realisieren wird. Das Kuratorium hat bewußt bei der zweiten Preisvergabe diese qualitativen Merkmale berücksichtigt. Es wird somit in angemessener Form auf den Ursprung der Stiftung verwiesen und im Sinne des Mannes gehandelt, dessen Namen dieser Preis trägt.

Schwarze, Dirk: Bode-Preis an Mario Merz. In: Hessische/Niedersächsische Allgemeine, 3.5.1982.
Bode-Preis für Mario Merz. In: Frankfurter Rundschau, 3.5.1982. U.a.

Gerhard Richter

Preisverleihung •
22. September 1982 im Museum Fridericianum, innerhalb des documenta 7-Beitrags von Gerhard Richter. Damit geht erstmals in einem documenta-Jahr der Preis an einen bei der Ausstellung vertretenen Künstler.

Text der Verleihungsurkunde •
Mit dieser Entscheidung ehrt die Arnold-Bode-Stiftung einen Künstler, dessen malerisches Werk sowohl „kunsttheoretische Analyse" bedeutet als auch individueller Ausdruck eines für die Probleme der Zeit hochempfindlichen Künstlers ist.

Unabhängig von vorherrschenden künstlerischen Tendenzen hat Gerhard Richters „forschendes Malen über Malerei" seit 1961 die visuelle Praxis der Konsum- und Industriegesellschaft als kulturelle Äußerung zur Motivation seiner Malerei entwickelt. Wie in einem Zerrspiegel oder Vergrößerungsglas führt er uns die Realität der „gesellschaftlichen Bilder" vor Augen.

Gerhard Richters unruhige und beunruhigende Wandlungsfähigkeit, die er zu seinem Stil erklären mußte, um seine Wirklichkeitserfahrung durch technische und künstlerische Medien wieder als artifizielle Produktionen zu definieren, zeichnet ihn als einen der wichtigsten und interessantesten Künstler der Gegenwart aus.

Laudatio • Karl Oskar Blase
Gerhard Richter ist auch auf dieser documenta vertreten „mit Werken, die, wie so oft, Publikum, Kritiker und Künstler-Kollegen irritieren provozieren und schließlich nachdenklich stimmen". Diesen Schlußsatz des Begründungstextes der Verleihungsurkunde muß man aufnehmen, wenn über das Werk Gerhard Richters gesprochen wird, um gleichzeitig auch zu fragen, ob Irritieren, Provozieren und Nachdenklichstimmen nicht zu allgemeine Attribute sind, die für aktuelle Kunst eigentlich etwas Selbstverständliches, schon Gewohntes darstellen, also gar nichts Hervorragendes, was Richter von anderen zeitgenössischen Künstlern unterscheidet. Mit dieser Fragestellung befinden wir uns schon in den analytischen Gedankengängen von Gerhard Richters Malerei. Das Allgemeine des Motivs führt Richter auch zum Allgemeinen, zum Trivialen der Kunst. Oder umgekehrt: Das Motiv Kunst, in diesem Saal hier die „Abstrakten Bilder" zum Beispiel, wird auf seine formalen malerischen Qualitäten, seine spontane Gestik zurückgeführt, um sich mit der sachlichen Benennung der Kategorie „Abstrakte Bilder" metaphysischen und psychologischen Interpretationsversuchen zu verweigern. Zeit und Ort bestimmen den Inhalt der Bilder mit, und wenn es um die „Würde der Kunst" geht, dann kann es bei Richter logischer- und ehrlicherweise nur um Farbe, Leinwand und Abstraktion gehen, denn Richter legt im Besonderen der Kunst das Allgemeine der Technik, der Konvention offen, während er aus den gewöhnlichen Erscheinungen der Alltagsästhetik das Außergewöhnliche der künstlerischen Reflexion ableitet, d.h. das Außergewöhnliche herausarbeitet, sichtbar macht.

So waren es oft die „Durchschnittsbilder" der Medien- und Konsumwelt, in denen er das Besondere, das Künstlerische sah, das uns in seinen „Bildern nach Fotos“ unsere visuelle und soziale Kultur, die Beliebigkeit der Deutungen, die Zerbrechlichkeit einer abgelichteten Objektivität vor Augen hält. Im Gegensatz dazu führt er die großen Systeme und Programme der Kunst auf einen einfachen Sachverhalt zurück. Und zwischen diesen beiden in seinem Werk auszumachenden Polen befindet sich in der Mitte, quasi eingebettet, das „Normale“, welches sich als das akademische Grundmuster entpuppt, das sich noch auf dem ständigen Wege der Überwindung behauptet, als Provokation noch gegen Tendenzen und Stile tauglich ist und von Richter virtuos beherrscht wird.

Richter widerlegt und bestätigt sich fast gleichzeitig, er verkörpert den dialektischen Widerspruch in seiner Person als Künstler und ist doch der malende Chronist seiner Zeitgenossen. Ein malender Theoretiker zudem, der aus dem Konflikt „alles ist Kunst, nichts ist Kunst“ seine Motivation entwickelt. Sich bloß nicht festlegen, zwingen lassen zu einem bestimmten Stil, einer erwarteten Aussage, zu einem Anliegen. „Ich habe kein Anliegen“, sagt er, ich will nur malen, alles ist Malerei. Richters Realität ist Malerei, ist auch die Malerei seiner Künstler-Kollegen, so, als hätte man ihm ästhetische Wirklichkeit vorweggenommen oder entzogen, die er noch nicht abgehandelt hat und für sich noch einmal zurückholen muß. So brachte er aus der Fotografie die Malerei wieder hervor, ohne den objektivierenden Aspekt der Fotos zu zerstören, ihn eher hervorkehrend und sich gleichzeitig selbst befreiend von „Akademie und Subjektivität“.

Ein Auf- und Verklärer gleichermaßen. Aufklärer, wenn er den „Kapitalistischen Realismus“ thematisiert (1963), indem er die Dinge läßt wie sie sind, nur durch Sockel und Anwesenheit des Künstlers etwas „erhöht“. Aufklärer, wenn er malend die Konstruktive Malerei auf handelsübliche Farbtafel-Ästhetik zurückführt. Aufklärer, wenn er uns die impressionistische Wahrnehmung der Amateurfotografie eröffnet – lange bevor der Fotorealismus in der Malerei aktuell war –, und aufklärerisch sind die mit breitem Pinsel gemalten Bilder, die harten Strukturen der Städte und die watteweiche Wolkenmalerei, die gemalten Bilder der gemalten Bilder, der immer wieder reproduzierten Bilder, bis zu den empfindlichen schemenhaften Frauendarstellungen.

Und so ist er auch Verklärer, die groben Tatsachen verschleiernd, durch Unschärfe allgemeiner, zumutbarer erscheinen lassend. Die schmerzlichen Nachrichten werden durch Farbe gebrochen, erträglicher und deshalb auch eindringlicher wahrnehmbar – wie kann Farbe unscharf sein? Und es wird – was er eigentlich nicht will – doch Kunst. Auch die industriellen Farbtafel-Bilder bestätigen letztlich die Konstruktive Malerei, wie die Stadtbilder gewissermaßen auf das Normale der akademischen Kunst verweisen. Alles kann man malen. Über alles kann man sprechen. Richters Malerei über Malerei ist wie das Sprechen über Sprache, Denken über Denken.

Bei Gerhard Richter über einzelne Bilder zu sprechen, bedeutet immer auch, andere Stile und Inten-

tionen mitzudenken. Und bei einem Maler der selbstauferlegten Stillosigkeit und Vieldeutigkeit, der jegliche Einordnung und Einengung für sich ablehnt, weil Stilvielfalt Voraussetzung dafür ist, künstlerische Produktion als artifizielle erkennbar zu machen, muß das Werk als Ganzes angesehen werden, um die absichtliche und vordergründig erscheinende Inkonsequenz als Methode zu erkennen. Hier stellt sich auch die Frage, ob Richters gemalte Thesen sich möglicherweise gegenseitig widerlegen oder selber auflösen. Richter begründet seinen Wandlungszwang eher lapidar. Wenn er Landschaften malt, dann ganz einfach, weil er sie schön findet, wenn er seinen Stil wechselt, dann deshalb, weil er keine Lust mehr hat, in der bisherigen Art weiterzumachen. Einfache Begründungen offensichtlich, verständlich und doch riskant heute, wo es um Identifikation – Wiedererkennungswerte – geht, um Markt und Markenzeichen. Richters Zeichen ist seine Freiheit, zu malen, wie und was er will. Was nichts Besonderes bedeuten würde, wenn es Richter nicht gelungen wäre, diese seine künstlerische Widersprüchlichkeit als prinzipielle Haltung durchzusetzen.

Richters „Anderssein" als andere macht ihn dennoch zum Interpreten, Kritiker und Analytiker eben derer, von denen er sich absetzt. Wenn alles schon gemalt ist, sagte er sich, als er 1961, aus Dresden kommend, sich in Düsseldorf umsah, dann muß man darüber nachdenken, ob und wie man weitermalen und als Maler dem Problem malend auf die Spur kommen kann. In Erinnerung sind seine Beteiligungen an der documenta 5 (1972) mit den „Acht Lernschwestern" (1968) und den Farbtafeln von 1971. Mit den frühen Bildern nach Presse- und Laienfotos hatte Richter sowohl die Idee der Pop Art aufgefangen als auch den folgenden Fotorealismus präjudiziert, während später die Farbtafelbilder die Malerei als Medium und neuere Kunstgeschichte zur Diskussion stellten – Thema der documenta von 1977. Dort zeigte er dann seine ersten so betitelten „Abstrakten Bilder", Vorläufer der Bildergruppe hier, in denen Richter die Tendenz der letzten Jahre zusammenfaßt, auf den gemalten Begriff bringt – nicht auf den verengenden, besetzenden Wortbegriff – und in Verbindung mit seinem Gesamtwerk die Freiheit dokumentiert, die gerade jetzt von den neuen jungen Malern programmatisch beansprucht wird: die freie Verfügbarkeit der Methoden und Stile, wenn's sein muß auch verschiedene Stile gleichzeitig nebeneinander, zum Beispiel David Salle oder Robert Longo hier in der documenta. Nehmen wir dies als eine Möglichkeit weiterzumalen, wie sie Gerhard Richter mit seiner Arbeit schon vorgezeichnet hat.

Ich möchte mit einem Satz von Arnold Bode schließen, den er im Zusammenhang mit Kunst – und besonders, wenn von der Krise der Kunst gesprochen wurde – oft gesagt hat: Es muß doch eine Möglichkeit geben zu überleben, weiterzumalen.

Schwarze, Dirk: Die höchste Form von Hoffnung. Gerhard Richter erhielt den Arnold-Bode-Preis. In: Hessische/Niedersächsische Allgemeine, 23.9.1982.

Gerhard Merz

Preisverleihung ●
15. Januar 1984 im Kasseler Kunstverein, verbunden mit einer Ausstellung von acht neueren Arbeiten des Künstlers, darunter seine beiden Beiträge zur documenta 7, 1982: „Die Lage ist normal" und „Gerhard Merz".

Text der Verleihungsurkunde ●
Das Kuratorium der Arnold-Bode-Stiftung zeichnet hiermit einen Künstler der jüngeren Generation aus, dessen Werk sich mit verbalen und visuellen Kultur- und Kommunikationstechniken unserer Zeit befaßt. In seiner kontinuierlichen Arbeit fand der 1947 in Mammendorf (bei Fürstenfeldbruck) geborene Künstler von einer Malerei, die sich aus der modernen Kunst selbst, deren technisch, ideologisch historischen Möglichkeiten begründet, eine unmittelbare Verbindung zu den Spiegelbildern dieser Kunst in unserem alltäglichen, graphischen Erscheinungsbild.

Diese Linie wird deutlich, wenn man Gerhard Merz' Malerei zum Beispiel von der documenta 6 (1977) bis zur documenta 7 (1982) betrachtet – an beiden Ausstellungen hat er teilgenommen. Bekannte Bilder und Zeichen verschiedener Informationssysteme und Lebensbereiche sind seine Motive in den Arbeiten der letzten Jahre.

Zur Begründung der Preisvergabe an Gerhard Merz stellt das Kuratorium fest, daß der Künstler seine intellektuelle Intention auf einfachste und notwendigste Gestaltungsmittel zu reduzieren vermag, um visuell vermittelte Nachrichten denen allgemeiner Verhaltens- und Wahrnehmungsstrukturen gegenüberzustellen. Künstler und Betrachter werden von verschiedenen Ansatzpunkten aus zur kritischen Reflexion veranlaßt. Es werden Fragen gestellt, die sowohl den gesellschaftlichen Umgang mit Kunst als auch die Situation der künstlerischen Arbeitsbedingungen behandeln.

Laudatio ● Karl Oskar Blase
Es ist, glaube ich, nicht übertrieben, wenn man sagt, daß die Bilder von Gerhard Merz auch für das erfahrene Ausstellungspublikum nicht leicht zugänglich sind. Und auch für das Kuratorium der Arnold-Bode-Stiftung, das ja Gerhard Merz vorgeschlagen hat, war es einerseits kein schneller und leichter Entschluß – wie bei allen anderen früheren Entscheidungen auch nicht –, andererseits stellt nun auch der nach interessanter und durchaus kontrovers geführter Diskussion schließlich doch einstimmig getroffene Vorschlag den Verfasser der Laudatio, als Erklärer und Begründer, vor eine nicht leichte Aufgabe, wenn er dem Werk des Künstlers einigermaßen gerecht werden will, ohne Ihnen – meine Damen und Herren – dabei allzuviel Theoretisches zuzumuten. Denn Sie sehen ja selbst, hier in dieser Ausstellung, mit allgemeinen Lobesworten ist dem Maler und Grafiker Gerhard Merz nicht beizukommen, und selbst die längere Beschäftigung mit seinen Bildern, die ja hier in Kassel möglich war, erleichtert die Situation nicht unbedingt. Kann sie möglicherweise erschweren. Denn im Hauptraum des Fridericianums der documenta 7 war er zusammen mit Arbeiten von Klaus Staeck, Jonathan Borofsky, Felix Droese, Sarkis und anderen ver-

treten, in einem Klima dramaturgischer, fast melodramatischer Überzeichnung – von der documenta-Leitung auch beabsichtigt: Die miteinander kommunizierenden Exponate waren die Idee, so daß Überinterpretationen und Ratlosigkeit dicht beieinander lagen. Sie erinnern sich: Da war das explodierende Plakat von Klaus Staeck, „Vorsicht Kunst", vor dem wie in einem Comic der Mann mit der Pistole von Borofsky flüchtet, auf zwei riesige Tafeln zu, die eine oben mit den olympischen Ringen, die andere unten mit dem Namen des Künstlers („Gerhard Merz"), auf dem Boden darunter die pfeilartigen Objekte, „Ellipsoide" von Isa Genzken, an der gegenüberliegenden Wand, über dem Bild der „Art & Language"-Gruppe, wieder eine große Tafel von Gerhard Merz mit dem Text „Die Lage ist normal".

Was hier korrespondierte – wenn wir der documenta-Empfehlung folgen und den eben genannten melodramatischen Aspekt dabei vernachlässigen –, waren hier ambivalente, mythisch anmutende Zeichen (Droese, Genzken), mit mehr oder weniger gebrauchsgraphischen, plakativen Aussagen (Staeck, Merz) konfrontiert, Staeck direkt, politisch aggressiv, Merz eher unauffällig, trivial auch, trotz der großen Formate, auf eine verstimmende Art jedoch unübersehbar und durchaus nicht unbescheiden. Sein Name auf glattem grünem Grund war ja nicht zu übersehen. Und nicht zu übersehen ist der Grafiker, der Typograf Gerhard Merz, der uns mit Text-Zeilen konfrontiert, deren künstlerische Einordnung er getrost dem irritierten Rezipienten überläßt. Oder doch nicht ganz?

Der geübte Besucher moderner Kunstausstellungen hat längst bemerkt, wie Künstler untereinander zu sprechen versuchen, wie sie sich mit jeweils individuell verarbeiteten Erfahrungen mitteilen und wie sie auf Kunst wie auf scheinbare Selbstverständlichkeiten des gesellschaftlichen Umgangs reagieren. Er hat bemerkt, daß hier Gerhard Merz auf Konventionsformen simpelster Weise, auf „schwer zu ertragende Selbstverständlichkeiten" (Brock) verweist und Bezüge herstellt, die auf allbekannte Kommunikationsformen aufbauen und wiederum als Kunstform, wie es im Begründungstext des Arnold-Bode-Preises heißt, eine unmittelbare Verbindung zu den Spiegelbildern dieser Kunst in unserem alltäglichen grafischen Erscheinungsbild finden. Sie führen den Blick, den Gedanken auf „verarbeitetes Kulturgut".

Wenn sich die behauptete Unmittelbarkeit jedoch als besonderes Hemmnis zum Verständnis Merz'scher Kunst herausstellt, eben weil Selbstverständlichkeiten im Zusammenhang mit Kunst schwer zu verdauen sind, ist es aber hier gerade das so wenig Skandalöse, das ganz Normale (also im Vergleich zu Beuys oder Duchamp beispielsweise, die ja die skandalösen Publikumserwartungen, der eine später, der andere früher, erfüllen), die schmuckloseste, unkomplizierteste Form, die äußerste Kunstlosigkeit in einem Kontext mit großer klassischer Kunstphilosophie, deren sich noch die neueste Moderne bedient (Gold-Wert = Kounellis, Beuys u.a.), eben das Einfachste, was besondere Aufmerksamkeit hervorruft.

Ich sprach vom Kontext zur Kunst, von Kunst als Kunst also, der substantiellen Auseinandersetzung seit Duchamp, die auch nicht beendet wird durch den Aufbruch der Neuen Wilden, der als weitgehend spontan, individuell, vital, einfach so aus dem menschlichen Bedürfnis nach Ausdruck interpretiert wird – aber auch als Reaktion auf intellektualisierte, konzeptionelle Kunst und der damit einhergehenden Theoriebelastung. Aber schon so eingebunden als Teil dieser historischen Diskussion, nämlich als Reflexion auf Kunst (in ihren gesellschaftlichen Bedingungen), gibt es auch für sie kein Zurück mehr zur klassischen Hermeneutik, die Erklärung aus dem Einzelnen und Einmaligen, zur kategorischen endgültigen Bestimmtheit – vielmehr ist auch sie offen, ohne Inhalt außerhalb von Kunst, „transklassisch", wie die Semiotiker sagen, also überwunden, darüber hinausgehend. Das Thema wird direkt von der Kunst aufgenommen und äußert sich beispielsweise in den Werken von David Salle und Robert Longo, die sich demonstrativ zum Eklektizismus bekennen. Eine Doppelausstellung neulich in München, Picabia und David Salle, war aufschlußreich. In diesem Kreis von Künstlern, der sich auf zur Konvention gewordene Kunst beruft, und wo sich die Beteiligten ihre eigenen kunstgeschichtlichen Erfahrungen vorführen, mit Kunst über Kunst verständigen, finden wir auch Gerhard Merz.

Jedoch in einem weniger didaktischen Sinn, wie es zum Beispiel bei den eben genannten Künstlern (Salle und Longo) der Fall ist, die zwei bildnerische Konventionen zu einem Bild kombinieren und so den Beschauer zwingen, den hier vorgetragenen Gedanken – eben die Kombination von zwei kulturellen künstlerischen Konventionen – zu folgen. Merz überläßt es dem Betrachter, das Gegenbild, das Spiegelbild zu liefern, und das ist sowohl im normalen Alltag wie im künstlerischen Sonntag zu finden. Merzens Kunst ist insofern konzeptuell zu nennen, als er einen ästhetischen Gedanken anstößt, der irgendwo hinführt, nur nicht auf das auslösende Objekt zurück.

Als es in der documenta 6 (1977) um das Problem ging, „Kunst analysiert sich als Kunst" und Künstler ausgewählt waren, aus deren Arbeiten sich diese Frage ablesen ließ, konnte man noch eine Parallele zu Roy Lichtenstein beispielsweise ziehen, der die reproduktionstechnischen Mittel (Methoden) – also Rasterpunkte, Linien oder Konturen – zum Medium seiner Kunst machte. Gerhard Merz hatte damals monochrom wirkende großformatige Bilder ausgestellt, die aus einem Raster bestanden, der so klein war, daß in der gedruckten Wiedergabe dieses Rastersystem uns als einfarbiges, flächiges Bild erschien, eben wie ein monochromes. So, wie wir normalerweise Kunst erfahren, in gedruckter Form und verkleinert, war sie hier vergrößert. Aber die Reproduktion ist nun gewissermaßen das Original, oder zumindest das Motiv und sicher inhaltlich gleichrangig. Eine blasphemische Behauptung im klassischen Sinne, wo das Original über allem steht. Dieses Umkehrprinzip, dieses aufwertende tautologische Phänomen ist gemeint, wenn es im Begründungstext heißt, daß der Künstler

seine intellektuellen Intentionen auf einfachste und notwendigste Gestaltungsmittel zu reduzieren vermag, um visuell vermittelte Nachrichten denen allgemeiner Verhaltens- und Wahrnehmungsmuster gegenüberzustellen.

Wenn Gerhard Merz bekannte Symbole säuberlich auf großformatige Flächen malt, oder nur die Farbe eines bestimmten Autos einer bestimmten Firma als monochromes Bild präsentiert, werden sowohl ganze Kunstrichtungen mit ins Spiel gebracht als auch Dinge und Verhaltensformen unserer alltäglichen ästhetischen Praxis. So werden zum Beispiel, wie es weiter im Text der Verleihungsurkunde heißt, Künstler und Betrachter von verschiedenen Ansatzpunkten aus zu kritischer Reflexion veranlaßt und Fragen aufgeworfen, die den gesellschaftlichen Umgang mit Kunst und die Bedingungen der künstlerischen Arbeit behandeln; weil, so muß man ergänzen, zu den künstlerischen Arbeitsbedingungen auch die Vermittlungs- und Verbreitungsstrukturen zählen. Diese verschiedenen, vom Künstler provozierten Ansatzpunkte kalkulieren selbstverständlich Fehldeutungen mit ein, sie gehören gewissermaßen zur Fortsetzung dessen, was Merz uns vorführt. Es könnte das Banalste zum Höchsten erklärt werden, wie das Höchste hier – in einem etablierten Kultur- und Geschichtsverständnis – plötzlich zum Trivialsten wird. „Die Lage ist normal" oder etwa nicht? Oder doch? Ist dies ein künstlerisches Problem? Ein politisches? Die normale Lage oder das Bild? Wo liegt das Problem?

Es ist ein formales Problem, mehr nicht. Und daß das wiederum sehr viel sein kann, sagt uns Gerhard Merz, denn es fordert den Widerspruch heraus. Die Tautologie der Kunst ist auch der Widerspruch in ihr, ist ihre Auflösung durch sich selbst. Immer argumentiert nach Duchamps Entdeckung oder Enthüllung, wo es im Kontext um Redundanz geht, also aus dem Betrachten der Dinge oder Teilen von Dingen in einer bestimmten räumlichen oder historischen Situation, in der die Kunst zwar noch als eine materielle Realität existiert, aber gleichzeitig mehr eine theoretische, ideologische oder mythologische Qualität bedeutet. Kunst in einem weiteren, tieferen Verständnis existiert in einem Sinne gewissermaßen aus dritter Hand oder besser aus drittem Kopf, und dann auch nur auf Zeit. Auf Zeit geliehene Erkenntnisse und vielleicht Wahrheiten. Sie merken, der Absolutheitsanspruch, den Kunst für sich geltend macht, wird hier verhandelt, in Merzens Kunst steht er wieder zur Diskussion.

Es galt lange die These, und für viele ist sie immer noch der Schlüssel zur Kunst und zum Umgang mit ihr, daß die Sprache der Kunst sich gleich bleibe und sie lediglich neue Dinge sage. Seit Duchamp, seit Concept Art und Strukturalismus oder McLuhan spätestens wissen wir, daß Kunst eine eigene, sich ändernde Sprache bedeutet und als solche, als Form nämlich, als Medium – „das Medium ist die Botschaft" – inhaltlich ist.

Wenn ich eben behauptete, es sei ein formales Problem, das wesentlich sei für Gerhard Merz, dann ist

dies vielleicht zunächst eine zu vordergründig erscheinende Bewertung, die nur für den ersten Teil der Rezeption vertretbar ist, sonst wäre es wohl nicht seriös genug, nicht gründlich genug, könnte man einwenden. Der Einwand gilt, aber die weitere Bedeutung, um nicht zu sagen tiefere, liegt bei Merzens Bildern in ihrer provokanten Vordergründigkeit. Bei den eben genannten Schrifttafeln zum Beispiel und auch bei den neuen Bildern, die hier zum ersten Mal ausgestellt werden, geht es in erster Linie nicht um Inhalte etwa in dem Sinne, daß uns der Künstler die antike Kunst und Mythologie nahebringen will, so als hätten wir noch nie etwas davon gehört. Oder als hätten wir nach seiner Meinung nicht das richtige Interesse daran gefunden, oder daß er nun endlich doch jenes klassische Kunstverständnis bestätigt und sagt, schaut her, die alten Römer, Griechen und Ägypter hatten doch gewußt, was große, richtige Kunst ist und in welchem Dilemma wir jetzt sind. Gewiß stellen sich solche Überlegungen nicht zufällig ein, sollen sie ruhig, wenn sie sich partout nicht vermeiden lassen. Vielleicht ist ihr Hervorrufen auch vom Künstler eingeplant. Aber so, wie er mit seinen plakativen Werken der documenta 7 zum Beispiel mit sauberen konstruktiven Schriftzügen zeitgemäßer (moderner) Typografie zunächst keinerlei Rätsel aufgibt, so sind sie jedoch in ihrer simplen Doppelfunktion von Bild (hier Schriftbild, abstrakt) und verbaler Sprache Auslöser für weitergehende Gedanken und Gefühle. So werden auch hier in den neuen Bildern gewissermaßen mit ästhetischen Klischees visueller Selbstverständlichkeiten Mehrdeutigkeit oder Andersdeutigkeit hergestellt.

Merz will und kann uns ja nicht von der einmaligen Schönheit seiner Schrifttafeln überzeugen wollen (hier mit seinem Namenszug), ebenso, wie er mit den neuen Bildern nicht, zumindest nicht ausschließlich, uns die bekannten klassischen Mythen nahebringen will. Er gehört zu einer Malergeneration, die in einem unvoreingenommenen und erweiterten Sinne sagen kann: „Alles ist gleichwertig", gewissermaßen als Fortsetzung des Satzes von Andy Warhol: „Alles ist schön". Dazu gehören dann eben auch Dinge zum Beispiel, die in der Nachkriegs-Kunstszene nichts mehr zu suchen hatten, ohne daß dies auch schon das Erlöschen ihrer Wirkungsgeschichte bedeutet hätte. So zitiert er Juan Gris wie Arno Breker nebst griechischer Siegesgöttin oder ein weltberühmtes Streichquartett neben einem monochrom wirkenden Rasterbild.

Gerhard Merz dreht gewissermaßen Duchamp wieder um – nicht zurück –, kämmt ihn gegen den Strich, indem er nun keine neue

Sprache erfindet, sondern eine penetrant alte, verbrauchte für bestimmte Kulturwerte stehende Kunst zitiert. Der museale Raum,

1983

Nach Ablauf ihrer Amtszeit werden alle Kuratoriumsmitglieder für weitere fünf Jahre berufen.

die Aura der Kunstinstitution, hier der Kasseler Kunstverein, in München das Lenbachhaus, auf dem Plakat das Haus der Kunst, stellen nun traditionelle Kunstformen in Frage und machen die sonst materialisierten Objekte zu solchen der Concept Art. Betont hier wieder durch ungewöhnlich große Formate, jedoch proportional so gerahmt, wie sonst nur kleine Bilder eingefaßt sind, Kultursymbole an sich, die dialektisches Verarbeiten, Weiterdenken im Inneren, im Rahmen des Bildes geradezu verhindern. Wer dies noch als große einmalige Kunst bezeichnet, wiederholt sich, es klänge noch in der gelösten Konversation wie ein Stilbruch, anachronistisch.

Und was nun? Duchamp umgekrempelt – oder gar aufgehoben –, geht wohl ein bißchen zu weit. Wir sind doch froh, daß wir ihn haben. Wo stünde die Kunst heute ohne ihn! Sie wäre kopflos, ohne eine ihr eigene Philosophie, und gefährlich undemokratisch. Es bliebe der Jubel über Einmaligkeit, wie einzig doch und endgültig gültig die richtige Kunst sei. Es gibt noch das scholastische Wort von der „Objektivität der Kunstgeschichte". Dem widerspricht zum Beispiel Gerhard Merz mit seinen Bildern, relativiert das Oben und das Unten (das Hohe und das Niedere).

Ist das dann noch Kunst, höre ich fragen. Ja, ja, ja, gerade deshalb und aus keinem anderen Grunde.

Schwarze, Dirk: Bode-Preis an Merz. In: Hessische/Niedersächsische Allgemeine, 14.10.1983.
Schwarze, Dirk: Gerhard Merz erhielt Bode-Preis. In: Hessische/Niedersächsische Allgemeine, 16.1.1984.
Schwarze, Dirk: Kette von Mißverständnissen. Gerhard Merz im Kasseler Kunstverein. In: Hessische/Niedersächsische Allgemeine, 18.1.1984.
Schuchmann, Manfred E.: Dem Publikum gegen das Auge. Der Bode-Preisträger Gerhard Merz im Kasseler Kunstverein. In: Frankfurter Rundschau, 26.1.1984.
Arnold-Bode-Preis an Gerhard Merz. In: Informationen. 1/1984. S. 15.
Arnold Bode-Preis 1983. In: Informationen. 2/1984. S. 3.
Blase, Karl Oskar: Laudatio anläßlich der Verleihung des Arnold-Bode-Preises an Gerhard Merz. In: Neue Kunst in München. 20/1984.

Walter Pichler

Preisverleihung •
1. Dezember 1984 in der Neuen Galerie der Staatlichen und Städtischen Kunstsammlungen, vor dem Hintergrund einer für die Dauer der Ehrung eingerichteten Präsentation von 24 Zeichnungen und Aquarellen des Preisträgers.

Text der Verleihungsurkunde •
Die Stiftung würdigt mit dieser Ehrung einen Bildhauer, dessen Werk dem Zusammenhang von Leben und Arbeit einerseits sowie Mythos und Religion andererseits unter den kulturellen und materiellen Bedingungen unserer Zeit überzeugenden Ausdruck verleiht.

Walter Pichler, 1936 in Südtirol geboren, arbeitet als Zeichner, Bildhauer und Entwerfer utopischer Architektur in Wien und seit 1972 in einer von ihm geschaffenen Wohn-, Arbeits- und Meditationsstätte in St. Martin im Südburgenland. Bereits seine Objekte in der documenta 4, 1968, verdeutlichen einen künstlerisch individuellen Weg, der im Spannungsfeld menschlicher, sozialer Erwartungen und technologischen Potentials zu suchen ist. Im weiteren Verlauf seines Schaffens führte Pichler seine Konzeption von Kunst und Leben auf bedrängend einfache Formen, „Lebensformen", zurück.

Pichler vermittelt, welche Mühen des Geistes und ausdauernden handwerklichen Fleißes, verbunden mit technischer Intelligenz nötig sind, um den künstlerischen Gedanken in Bewegung zu halten, ihn zu einem Ambiente entstehen zu lassen, das in doppeltem Sinne ein Lebenswerk, ein Lebens-Kunst-Werk verkörpert. Dabei verläßt Walter Pichler nicht den Bezug zu seiner Zeit und Umwelt. Er erarbeitet im wahrsten Sinn des Wortes seine Vision vom räumlichen Denken und Leben, die sowohl in architektonische Rituale vergeistigt wird, wie sie Natur und tektonische Erfindung im Einklang sieht. Betrachter, oder besser Benutzer seiner Kunst zwingt Pichler zu neuen Sehformen, die, wenn sie als solche akzeptiert sind, in ein System von doppelgründiger Lebensbewältigung münden. So kommt Walter Pichler über Entwürfe und Ausführungen mythisch-utopischer Behausungen und Geräte zu vitalen Fragen menschlicher Existenz.

1972 hatte Walter Pichler bereits eine umfassende Ausstellung im Kasseler Kunstverein. Sein Einfluß auf die Entwicklung der jungen Kunst ist fruchtbar und nachhaltig und, was das Kuratorium mit Nachdruck feststellt: Pichlers Aktualität ist formal und inhaltlich relevant.

Laudatio • Karl Oskar Blase
Wenn über Walter Pichler gesprochen oder geschrieben wird, kommt neben den unausweichlichen Vokabeln Mythos, Religion, Ritual, archetypisch, mystisch, und sakral das Wort Komplexität ins Spiel. Und damit wird vom Beschreiber bzw. Beobachter der Kunst Pichlers auch schon eine gewisse Zustimmung oder ein bekennendes Einverständnis bedeutet und eingestanden, man fühle sich mit einbezogen oder hineinversetzt. Wenn, so könnte man sagen, Walter Pichler für alles, was er schafft, auch die schützende Hülle, zum Inneren das Äußere und zum Äußeren das Innere entwirft, müßte sich in Fortsetzung

dieser Philosophie des Künstlers (Künstler-Theorie) für den Rezipienten dieser Kunst ein gedanklicher Raum auftun, in den er einzudringen wünscht, wo er sich als Subjekt wiederfindet, aus Entdekkerfreude oder Schutz suchend.

Ich glaube, daß in dieser Feststellung schon eine Ursache der Faszination, die Pichlers Werk ausstrahlt, beschrieben ist. Komplexität heißt doch, vieles mit einzubeziehen, also auch den Betrachter, der von Komplexität spricht. Das ist zunächst ganz formal und räumlich gemeint, trotz aller mystischen, traumatischen Assoziationen und metaphysischen Vermutungen. Dinge des natürlichsten Schutzbedürfnisses des Menschen zunächst, das Kleid, die Höhle, das Haus, werden zu Zeichen in einem Verständigungssystem mit autonomem Ritus, einer erdachten Lebensform, die nur teilweise der gesellschaftlichen Konversation – also hier der österreichischen Tradition – entspringt und entspricht, die sich aber auch nicht auf eine nachweisbare spekulative Kommunikationstheorie zurückführen läßt, so als könnte man mit einem Bedeutungswörterbuch Pichlers Objekte lückenlos entschlüsseln.

Sie, die Faszination dieses Werkes, begründet sich in Pichlers Künstlereigenschaft, die es ihm ermöglicht, eine visuelle Sprache zu finden, die nicht nur von Fall zu Fall (von Kunstwerk zu Kunstwerk) brauchbar ist, sondern über längere Zeiträume – die auch Zeit-Träume sein können, wenn er sich zum Beispiel vorstellt (1970), in einer Laubhütte zu liegen, die er als Junge im Alter von zehn Jahren gebaut hat. Der imaginäre Zeitraum (Zeit-Traum), von dem hier gesprochen wird, ist Raum und Zustand zugleich für jene Objekte, die Pichler als unvollendete beiseite gestellt hatte und weitgehend unbeachtet läßt, bis auch sie von ihm einen endgültigen Platz zubereitet bekommen. Sie erhalten ihn, auch wenn es bis zu zehn Jahren und mehr dauern kann. Das ist zum Beispiel einer „Kleinen Figur" (so der Titel) von 1960 widerfahren, von der er selbst sagt, er habe sie fast vergessen. Sie findet 1974 eine „Stütze". Eine typische Pichlerkonstruktion steht für etwas, das Halt braucht, Unterstützung. Oder ist es der Verlust der Freiheit eines individuellen Wesens? Denn ziemlich martialisch und monumental sind sie oft, die schützenden, helfenden Gerüste, Geräte und Behausungen.

Je nach Kondition des mit eingeschlossenen, mit einbezogenen Benutzers von Pichlers Kunst, können sich Hilfsgeräte zu Folterwerkzeugen, Kultstätten zu Gefängnissen verwandeln. Immer scheinen sie unter Strom zu stehen, Objekt und Hülle die Pole bildend, zwischen denen sich das unsichtbare, doch zu spürende Spannungsfeld aufbaut.

Eine „Alte Figur" von 1960, eine große phallische Form, bekommt elf Jahre später ein eigens für sie entworfenes Bett, das zugleich mehr als ein Sockel für eine Plastik ist. Sein ganzes Werk steht so in einem Bezugssystem über Zeit, Raum und Symbol. Zeichnungen, Gegenstände und Räume sind dem Ganzen des Künstlerplanes zugeordnet.

Aber auch in jedem einzelnen Objekt oder jeder einzelnen Zeichnung liegt etwas vom Ganzen verborgen. Seine frühen utopischen Architekturen der 60er Jahre, halb Plastik, halb Gehäuse, aber auch als Bunker und Maschinenteile auslegbar, sind wie Gebilde einer umgekehrten Archäologie zu verstehen, eingegraben, um von uns als architektonische Rätsel entdeckt zu werden, deren Auflösung für die menschliche Zukunft nichts Gutes ahnen läßt. Formen, die Pichler später wieder aufnimmt, in anderen Zusammenhängen, mit anderen Bedeutungen, weniger als futuristische Überlebenstechnik, sondern mehr im Sinne von Alltäglichem und Nützlichem, so, als wolle er Vorsorge treffen für ein unbestimmtes, unabdingbares, bevorstehendes Ereignis, Vorräte speichern für Körper und Geist. Für das Leibliche gibt es Wagen, unterirdische Schutzräume, in den Raum führende Regenrinnen, Herd, Sessel und Werkstatt. Das Bett, Ruhestätte, Krankenlager, Totenbahre: symbolischer Übergang zur geistigen, emotionalen Sammlung.

Nur folgerichtig, daß sich eine so umfassende Konzeption, ein so komplexer, utopischer Künstlerplan aus der Galerie-, Atelier- und Museumsstruktur herausentwickeln mußte.

Konsequent verfolgte Walter Pichler seine Idee eines großen Ambientes, mit eigenen Häusern für verschiedene Tätigkeiten, Bräuche und Kulte eigener Wirklichkeitsstruktur. So entstand in St. Martin das „Haus für das Kreuz", die Kapelle mit verstellbarem Kruzifix. Eine große Kreuz-Entwurfsserie ging der Realisierung voraus. Plastik, Architektur: „Haus für das Kreuz", „Großer Wagen" – „Haus für den Wagen", „Vögel" – „Haus für die Vögel", „Der Rumpf" – „Haus für den Rumpf" – um nur einige Projekte des umfangreichen Ambientes, des Gesamtkunstwerkes zu nennen. Kontemplativ eingestimmt, befindet man sich in statisch archaischen Räumen zwischen Bekanntem und Unbekanntem. Hier in St. Martin im südlichen Burgenland findet der Künstler sich verbunden mit Arbeit, Kunst und Leben. Hier ist die Einheit dieser drei Lebensbedingungen fast vollendet. Fast?

Es wäre falsch, in Walter Pichler einen Aussteiger zu sehen, einen Stadt- und Zivilisationsflüchtigen und Lebensfremden. Jedoch die Gratwanderung, die er als Künstler begeht, wie sich Morbides mit Kraftvollem in seinen Zeichnungen und Objekten paart, bewegt sich im Grenzbereich von Lebenswillen und Todesangst. Noch 1973 gibt er einen Essay von Thomas Bernhard seinen Arbeiten bei, dessen letzte Sätze ich doch zitieren möchte: „Wir waren oben unter den Eltern, in unseren Mauern und in unseren Zimmern und in unseren Büchern und unseren Schriften eingeschlossen, und alles um uns und in uns ist nichts als tödlich gewesen, und wir sind herunter, ohne die Eltern, wieder in diesen unseren Mauern und in unseren Zimmern und in unseren Büchern und Schriften eingeschlossen, und alles um uns und in uns ist nichts als tödlich."

Obwohl diese Stimmung auch ein Teil von Pichlers Kunst ist und gerne als ausschließlich betrachtet

wird, kennzeichnet sie ihn nur sehr ungenau. 1983, zehn Jahre später, möglicherweise der poetischen Interpretation befreundeter Landsleute mißtrauend, greift Pichler selber zur Feder und schreibt in der gleichen Buchreihe: „immer, wenn ich auszuweichen versucht habe, in Professionalität, in die Utopie, in die Mystik, war ich an der Grenze des Kraftfeldes, das mich trug".

Und er mahnt die Romantiker, die vielleicht aus seinen schon früheren Utopien zur „alternativen Kunst" (also nicht Museen, Galerien usw.) falsche Schlüsse ziehen könnten. „Ich bin nicht nach St. Martin gegangen, um mich in ein behütetes Leben zurückzuziehen, weil ich mit von der Natur irgendwelche Offenbarungen erwartet hätte. Wenn man sich auf das Land einläßt, ist es gut, von vornherein zu wissen, was man dort tun will. Die Alltäglichkeiten draußen und die Arbeit eines Bildhauers sind bei oberflächlicher Betrachtung eng miteinander verwandt, und Künstler, die beides durcheinanderbringen, bieten ein erbärmliches Schauspiel..." Vielmehr fand Walter Pichler in St. Martin die günstigsten Arbeitsvoraussetzungen für seine Pläne, die auch seine Obsessionen sind, in doppeltem Sinne, Einschließung und Zwangsvorstellung.

Die gefährliche Gratwanderung, die er selber in einem Objekt symbolisiert („Grat", 1972) und 1984 mit einem „Haus für den Grat" zeichnet, diese Gratwanderung ist die eines sensiblen Künstlers, Handwerkers und Technikers, der – wie es im Begründungstext der Verleihungsurkunde heißt – zu „vitalen Fragen menschlicher Existenz kommt, die auf ein Publikum treffen, das, wenn es seine Sehform akzeptiert, ein System tiefgründiger Lebensbewältigung" erkennt.

Es ist die ihm eigene Stärke als Zeichner und Bildhauer, den schmalen Weg menschlicher Realitäten in eine überzeugende, individuelle Kunstform zu übertragen. Dies ist auch in den hier zur Verleihung des Arnold-Bode-Preises ausgestellten Bildern manifestiert.

Seine Aktualität (wenn man so will) dauert nun schon Jahrzehnte, ganz im Sinne des eingangs geschilderten abstrakten Zeitraumes, eines Raumes für Zeit, in dem Phantasien Gestalt annehmen.

Schwarze, Dirk: Modernes Gesamtkunstwerk. Bode-Preis an Walter Pichler. In: Hessische/Niedersächsische Allgemeine, 12.7.1984.
Arnold-Bode-Preis an Walter Pichler. In: Frankfurter Rundschau, 19.7.1984.
Schwarze, Dirk: Arnold-Bode-Preis für Walter Pichler. In: Hessische/Niedersächsische Allgemeine, 2.12.1984.
Blase, Karl Oskar: Arnold-Bode-Preis an Walter Pichler. In: Informationen. 1/1985. S. 2-3.

Ulrich Rückriem

Preisverleihung •
21. Dezember 1985, zwei Tage vor dem 85. Geburtstag Arnold Bodes, in der Neuen Galerie der Staatlichen und Städtischen Kunstsammlungen im Rahmen einer Ausstellung von Zeichnungen sowie einer fünfteiligen Bodenskulptur des Preisträgers in der Eingangshalle des Museums. Die Laudatio hält Harald Szeemann (frei vorgetragen).

Text der Verleihungsurkunde •
Ulrich Rückriem ist Fundamentalist. Am Stein, von ihm bestimmt, am uralten Werkstoff aller Kulturen, nimmt er die Arbeitsvorgänge vor, die er im Dialog mit ihm will. Die Offenbarung im Stein und ihre Erkenntnis im Werk ereignen sich durch die Besinnung auf die Grundlagen. Dolomit und der Baustein Granit sind seine Werkstoffe, sein bevorzugtes Material. Die Bestimmung der Größe, ihr Verhältnis zur Masse, die Belassung oder Bearbeitung der Oberfläche, die Gesteinsfarbe, die Wahl des Standortes und die Aufstellung im Innen- oder Außenraum sind die ineinander verzahnten Bestandteile der Inhaltsstruktur seiner Skulpturen; aus dem Steinbruch herausgelöste Blöcke, geteilt durch Schneiden oder Spaltung, mit in letzter Zeit zusätzlicher Bearbeitung der Oberfläche durch Polieren. Schlußstein der Thematisierung ist die Zusammenfügung der Teile zur ursprünglichen Form. In ihrer Wirkung waren Ulrich Rückriems Arbeiten zuerst präsente Concetti und Disegni aus Stein und Eisen, nun sind es immer mehr Denkmäler, Monumente, in die die Reflexion über die Kreation skulpturaler Orte in freier Natur oder im von der Architektur bestimmten Rahmen eingeflossen ist. Erdverbundene Denkmäler auf in die Erde eingelassenen Sockeln, die trotz der sichtbaren Fugen Monolithisches suggerieren und zur Saga der Monolithen gehören. Der sichtbare Eingriffsplan des Bildhauers, ja die Verletzung des Steins führen zur Minimalisierung des Monumentalen im Monument. Zunehmend werden so die somatischen Qualitäten dreidimensionaler Körper wichtiger: die Unterscheidung von Vorder- und Rückseite, von Oben und Unten, von Links und Rechts, von Symmetrie und Asymmetrie, von offener und geschlossener Form, die Multiplikation der Richtungen. Die Anbringung eines Namens am Heine-Denkmal und die Gegenüberstellung ähnlich geteilter Steinkörper mögen dies belegen. So ist aus der evidenten Präsenz seiner frühen Skulpturen ein evidenter Reichtum an präsenten Erscheinungen in den Monumenten geworden. Ulrich Rückriem schenkt uns akzentuierte, in die Stille und die Konzentration zurückgenommene, beschleunigende Gleichnisse der Zeitlosigkeit.

Die Arnold-Bode-Stiftung würdigt mit Ulrich Rückriem einen Künstler, der 1972 und 1982 mit seinen Werken auf der documenta vertreten war. Mit seiner Skulptur neben der Neuen Galerie hat er in dieser Stadt einen Ort geschaffen, an dem Größe als aus dem Innen gewachsene Monumentalität gegenwärtig ist.

Aus der Laudatio
von Harald Szeemann •
Mit der Verleihung des Arnold-Bode-Preises 1985 ehrt die Arnold-Bode-Stiftung einen Bildhau-

er, der seit seiner Ausbildung als Restaurator von Kathedralen und seiner Arbeit als freier Künstler in Stein gearbeitet hat und im Dialog mit ihm Werke von erhabener Einfachheit und innerer Größe schuf.

Mit der Auslotung der Arbeitsvorgänge des Teilens, Schneidens, Spaltens eines Granit- oder Dolomitblockes, die an ihm und in ihm ihre Spuren hinterlassen, in der Wiederherstellung der ursprünglichen Blockform und der Platzierung im gegebenen Innen- oder Außenraum gibt Ulrich Rückriem heutige, von der Narration befreite Antworten auf die Grundfragen der Skulptur: Material, Größe im Verhältnis zur Masse, Oberfläche und Farbe, verdeutlicht durch die Eingriffe des Arbeitsprozesses, durch Teilung mittels Schnitt und Spaltung, Zusammenfügung der Teile und ihre Zuordnung im Raum. In den letzten Jahren hat Rückriem auch die Verankerung im Boden, das eingelassene Teilstück als mit dem sichtbaren Stein verbundenes Sockelelement im Außenraum gültig gelöst. Die Skulptur wächst aus dem Boden und wendet im Architekturbezug die geschnittene Seite dem Bau, die rohe Oberfläche der Natur zu.

Die Teilungen sind Eingriffe und Verletzungen des Blocks, respektieren aber den Blockkörper als Basis plastischer Form. In der Erde, aus der Erde, auf der Erde. Diese zusätzlichen Freiheiten und inhaltlichen Ausweitungen haben Rückriem in den letzen Jahren auch das Problem des Denkmals angehen lassen, lapidar und überzeugend durch Polierung der Oberfläche. Durch die Hinzufügung eines Namens wird die Skulptur zum Denkmal.

Schritt für Schritt hat Ulrich Rückriem so – die Inhalte Zeichen werden lassend – immer mehr skulpturale Einsichten in das Wesen der Skulptur gegeben und Orte der Stille und Konzentration geschaffen, die die Größe vergangener steinerner Zeugnisse in sich haben, aber in ihrer Spannung, gewachsen aus Plan und Emotion, nur heutig sein können. Rückriems Skulpturen sind Musterbeispiele der Rückführung alter Symbole in heutige skulpturale Objekte der Energie.

Bode-Preis an Rückriem. In: Hessische/Niedersächsische Allgemeine, 5.7.1985.
Rückriem erhält Bode-Preis. In: Kölner Stadtanzeiger, 1.8.1985.
Schwarze, Dirk: Gespalten und geschnitten. Kasseler Bode-Preis für Ulrich Rückriem. In: Hessische/Niedersächsische Allgemeine, 21.12.1985.
Arnold-Bode-Preis für Ulrich Rückriem. In: Giessener Anzeiger, 24.12.1985. U.a.
Bode-Preisträger Ulrich Rückriem. In: Informationen. 1/1986. S. 1-2.

1986

Rebecca Horn

Preisverleihung •
21. September 1986 im Kasseler Filmtheater Royal. Anläßlich der Verleihung wird Rebecca Horns Film „La Ferdinanda" gezeigt.

Text der Verleihungsurkunde •
Die Arnold-Bode-Stiftung würdigt mit dieser Auszeichnung die Arbeit der in Michelstadt geborenen Künstlerin, deren multimediale Kunst internationale Anerkennung gefunden hat. In den Jahren 1972, 1977 und 1982 fanden die Werke der Künstlerin auch auf den documenta-Ausstellungen in Kassel große Beachtung.

Besonders die künstlerische Konsequenz und Kontinuität, die das Werk Rebecca Horns auszeichnen, will das Kuratorium hervorheben. Im souveränen Umgang mit verschiedenen aktuellen Medien – Performances, Video, Objekt, Raum und Film – und mit dem kompromißlosen Einbringen ihrer Persönlichkeit hat sie eine originäre Form entwickelt, die es ihr ermöglicht, ihre Individualität darzustellen und doch eingebunden und eingefangen zu bleiben in gesellschaftlichen Strukturen, in kommunikativen Situationen. „Erfahrungen im Bereich interpersoneller Wahrnehmung" (Rebecca Horn, Katalog documenta 5) als Grundlage ihrer Arbeit sind zu erkennen wie die Personalisierung von Räumen, die sich zu Lebensräumen erweitern, wie die partnerschaftliche Rolle der nur vordergründig leblosen Objekte, der Gegenstände um sie, um uns herum.

Rebecca Horn realisiert das Unreale, schafft die vollkommene Identifikation von Mensch und Raum, Individuum und Objekt. Raum wird zu einer Art Architektur des Seins, eines poetischen Bewußtseins. Objekte erfahren eine subjektive körperliche Aneignung, ja Verwandlung. Die Künstlerin hat die Gabe, „sich selbst zu träumen" (Germano Celant), und dennoch bleiben, oder werden, ihre Gegenstände – so agil und vergänglich sie auch erscheinen – mögliche Tatsachen, technische Konstruktionen manchmal, die wieder ihre profunde ästhetische Qualität besitzen. Rebecca Horn schafft Nähe und Distanz zugleich, macht Traum und Poesie für sich geistig ertragreich, für andere nachvollziehbar, erlebnishaft und erträglich.

Die Auflösungen ihrer in Personen, Dingen und Räumen verborgenen Rätsel vermögen es nicht, die hervorgebrachten Illusionen zu verjagen. Sie setzen sich fort, als erotische Phantasien, als spekulative Ereignisse.

Real oder unreal ist nicht die Frage in Rebecca Horns Kunst, sondern die Determinierung eines geistigen und zugleich sinnlichen Lebensraumes, eines Lebenstraumes mit körperlicher Existenz.

Laudatio • Petra Kipphoff

Feder, Vogel, Ei
Eine schöne junge Frau, deren bloßer Körper von einem Gitterwerk weißer Bandagen gefangen und dekoriert ist und deren Kopf durch einen langen, weißen, spitz zulaufenden Stab bekrönt wird, schreitet im Dunst der Morgensonne wie traumwandlerisch durch einen Laubwald, ein Kornfeld. Wo kommt sie her, wo geht sie hin? Ist

es ein Mensch, ein Fabelwesen, ein Einhorn, ein Elf?

Ein schwarzer, hoher Tisch tanzt auf seinen vier Beinen durch den Raum, er tanzt einen Tango, alte Schlagermelodien klingen auf, der Tisch bewegt sich verrückt und gravitätisch, steifbeinig und exzentrisch. Ist es ein pensionierter Tanzstundenlehrer, ein erregtes Möbelstück aus einer Geschichte von E. Th. A. Hoffmann oder ein Auftritt von Charly Chaplin?

Ein Bündel spitzer Metallstäbe, in einem Halbkreis montiert, beginnt, parallel zu den Schreien eines balzenden Pfauenmännchens sich zu regen, sich zu einem Strahlenhalbrund zu entfalten; dann, beruhigt durch das „Plätschern eines goldenen Wasserfalls" senkt es sich wieder zu Boden, versperrt gleichsam mit seinem gespreizten Gitterwerk den Raum. War das ein seiner Federn beraubter, ein kastrierter Pfau oder ist das eine verklausulierte Foltermaschine?

Eine Frau verschlingt eine Blume, sorgfältig und gründlich. Ist das ein Pendant zur fleischfressenden Pflanze oder ein Ritual sichtbarster Verinnerlichung?

Ein quadratischer, flacher Glaskasten steht in der Mitte eines langgestreckten Raumes am Boden, außen ist ein spitzes Hämmerchen montiert. An der Stirnwand des Raumes ist, einen knappen halben Meter über dem Boden, ein kleiner Kasten angebracht, aus dem zwei waagerecht in den Raum weisende, sich knapp mit den Spitzen berührende Hämmerchen ragen. An der rechten Stirnwand des Raumes liegt ein großes, weißes Ei in einer Halterung, von der Decke schwebt ein spitzer Eisenstab herab, der das Ei gerade eben nicht berührt. High Noon in der Alchemistenkammer: Jetzt schlägt der einzelne Hammer an den Rand des Glasbehälters, die beiden anderen Hämmerchen öffnen sich und hauen mit ihrer Rückseite an die Wand des Raumes, das Pendel über dem Ei schlägt aus, das Quecksilber in der Wanne vibriert. Aber langsam treffen sich die Hämmerchen in der Mitte, kommt das Pendel über dem Ei und das Quecksilber in der Glaswanne wieder zur Ruhe. Werden die Hämmerchen je zusammenbleiben, wird das Ei irgendwann doch von der Spitze des Pendels durchbohrt werden, wird das Quecksilber irgendwann zur Ruhe kommen?

Eine leuchtend blaue Feder liegt über einem schwarzweißen Portraitfoto, das wohl aus den zwanziger Jahren stammt. Die Feder verbirgt die Augen, die zu einem schmalen Männerkopf gehören; ein flacher, flotter Hut sitzt auf dem Kopf, eine seltsame Lederkrawatte ist irgendwo am Hemdkragen appliziert. Man möchte die Feder vorsichtig wegziehen von diesem komisch melancholischen Portrait und sehen, wer es ist oder sein könnte. Aber es geht nicht, mit einer Geste der Zärtlichkeit ist den Augen der Ausblick erspart auf die Welt, sind sie selber geschützt vor dem entlarvungssüchtigen Blick irgend eines Publikums.

Objekte, Szenen, Gegenstände, Aktionen, Installationen, Räume, Filmsequenzen von Rebecca Horn: sie kommen von überall und nirgendwo her, sind eine disparate

Mischung aus Märchen und Maschine, hellem Spuk und verschrobener Kausalität, so, wie wir es aus der Literatur der deutschen Romantik kennen, dann bei den Surrealisten in einigen Filmen der Stummfilmzeit wiedergefunden haben und heute hin und wieder in Stücken des Tanztheaters von Pina Bausch erleben. Rebecca Horns Arbeiten ergeben nie eine komplette Geschichte und gehören doch alle zur Gesamtheit eines Werkes, das beweglich ist und flüchtig in seinen Erscheinungsformen, das ambivalent ist und doch dezidiert und erkennbar in seiner Konsistenz.

Nirgendwo ergibt sich eine logische oder auch nur im üblichen Verständnis des Wortes zusammenhängende Geschichte, aber alles ist miteinander verknüpft, gehört auf eine irrlichternde und gleichermaßen einleuchtende, auf eine ebenso fraglose wie unerklärliche Weise zusammen. „Die Hexe aus dem Odenwald", schrieb einmal, die letzten Reste männlichen Charmes mobilisierend, ein Kritiker über Rebecca Horn. Da war ein anderer Rezensent, der sie dem Geschlecht der Undinen zurechnete, schon glücklicher bei seinem Griff in das Reservoir der Märchen und Mythen, und auch bei der Charakterisierung einer Arbeit, für die der Geburtsort und die kupferroten Haare der Künstlerin ja weniger hergeben als das, was man sehen und ablesen kann: das Element der Bewegung, die ständige Fluktuation. „Rebecca Horn lebt in Berlin und New York", hieß es bei den biographischen Angaben in den ersten Katalogen. „Rebecca Horn reist", heißt es seit ein paar Jahren. Und während die Herren gerade ihren Verstand an der Garderobe des Ausstellungshauses deponieren, um den Ritter Huldbrand von Ringstetten zu geben und der Undine habhaft zu werden, ist Rebecca Horn schon auf dem Weg nach Los Angeles, um einem ganz anderen, neuen Traum mit der zähen Arbeit, die auch Fabelwesen heute nicht erspart bleibt, auf die Spur zu kommen.

Wenn man einem Künstler sagt, daß er oder sie mit der ganzen Person im Werk existent sei, so trifft diese meist symbolisch gemeinte Charakterisierung für Rebecca Horn in einem ganz direkten und praktischen Sinn zu. Sie hatte in den sechziger Jahren an der Hamburger Hochschule der Künste studiert, und in den ersten dokumentierten Arbeiten wie dem „Einhorn" (1971) oder der „Kopf-Extension" (1972) – bei der vier Personen mit einer fünften, die ein Objekt auf dem Kopf fixiert trägt, durch Seile verbunden sich vorwärts bewegen – erkennt man eine Nachbarschaft zu den Aktionen des Hamburger Künstlers und Lehrers F. E. Walther, in anderen Performances, bei denen mit Stäben und verlängerten Fingern gearbeitet wird, wohl auch einen Widerschein von Schlemmers „Stäbetanz". Aber wenn bei Schlemmer und Walther die Aktionen streng und gelegentlich lehrhaft ablaufen und zu Demonstrationen erstarren, dann entfalten sich die Rituale von Rebecca Horn als eine nicht kalkulierbare, die eigene Körperlichkeit steigernde, sinnliche Erfahrung.

Von den Körperskulpturen und Performances blieben Videos,

dann entstanden Filme, zunächst in eher dokumentarischer Absicht. Kinetische Skulpturen schienen, exakter und endloser als Körper es können, dann den Menschen-Part in den Performances zu übernehmen. Dafür wandelten seltsam entrückte und eher einem fremden Mechanismus als ihrem eigenen Temperament oder Charakter folgende Menschen durch Filme, die wiederum mit Rebecca Horns Skulpturen möbliert waren. 1978 entstand der Film „Der Eintänzer", 1981 „La Ferdinanda", im Untertitel „Sonate für eine Medici Villa" genannt. Zur Zeit arbeitet Rebecca Horn an einem Film über Buster Keaton. „Buster's Bedroom" soll er heißen, und wieder, wie schon in der „Ferdinanda", ist ein Sanatorium der Ort, in dem Dichtung und Wahrheit, Poesie und Banalität, Zartheit und Brutalität zusammengefügt sind zu einer brüchigen Geschichte.

Als die Kestner-Gesellschaft in Hannover den „Eintänzer" und die Kunsthalle Baden-Baden „La Ferdinanda" zeigte, stand im Zentrum der Ausstellung der Film, ergänzt durch einige wenige Objekte aus eben diesem Film und einen Katalog, der im wesentlichen das Drehbuch enthielt, dazu Film-Photos. So verändert Rebecca Horn die Funktionen und Etiketten, so kommen bei ihr die Dinge und die Gesten, die Maschinen und die Menschen, die Requisiten und die Aktionen zusammen zu einer manchmal phantastischen, manchmal schmerzlichen Begegnung, fallen wieder auseinander und geraten erneut in den Kreislauf der Phantasie, um an anderer Stelle, in anderem Zusammenhang wieder aufzutauchen, verwandelt oder als Zitat.

Und wie selbstverständlich ist der Kreis das zentrale und sich ständig repetierende Motiv im Werk von Rebecca Horn. Als reale Geometrie taucht er auf im Pfauenrad oder Halbkreis des hängenden Fächers, ist er Körperfächer oder der von einem mechanischen Radiuszeichner an der Wand oder am Boden markierte Halbkreis. Als Metapher aber für den Kontext aller Dinge und Abläufe erlebt man den Zyklus, zu dem Rebecca Horns Werk sich leicht und zwanglos fügt, die Repetition des „Wilkomm und Abschied", das Wiedererkennen, die Wiederkehr des Werks im Werk. Das pickende Geräusch der Hämmerchen, das Schnurren der Gliederketten, die die kinetischen Objekte bewegen, das Klicken der Elektromagneten, das den Beginn einer mechanischen Aktivität anzeigt: alle diese Geräusche markieren einen Zeitablauf, orchestrieren die Wiederholung, die zyklische Bewegung. Wer durch eine Ausstellung mit Arbeiten von Rebecca Horn geht, der wird, wenn er sich erst einmal auf die Erfahrung einläßt, hier nicht mit dem Tempo des Pro-Minute-Ein-Bild-Betrachters durchkommen, sondern das Zeitmaß erleben, das der Rhythmus der Skulpturen vorgibt. Auch er wird sich an dem Maß des Pendelstabs orientieren, dessen Form so bedrohlich scheint und dessen Bewegung den Kreislauf, die Drehung der Erde anzeigt.

In den Jahren 1972, 1977 und 1982 nahm Rebecca Horn an der documenta teil. Daß ihr für das Jahr 1986 in Erinnerung an Arnold Bode der Kunstpreis der Bode-Stiftung und der Stadt Kassel verliehen wird, ist keine Hexerei, sondern ein Ereignis von schöner Folgerichtigkeit. Über die Tatsache, daß mit Rebecca Horn zum ersten Mal eine Frau diesen Preis erhält, mögen sich Feministinnen freuen oder auch die Politiker mit dem sporadischen Sinn für Minoritäten; dabei dürfen sie dann getrost übersehen, daß Rebecca Horn gerade kürzlich die Teilnahme an einer großen, der Frau und den Frauen gewidmeten Ausstellung abgelehnt hat. Mir erscheint allein die Tatsache wichtig, daß hier eine eigenständige und einsame, eine mutig insistierende Arbeit anerkannt wird, ein Werk, das in seiner Totalität sichtbar und dennoch so offen ist, wie es von allem Anfang an war, eine Phantasie schließlich, die verschlungene und oft unbekannte Wege geht und doch auf den Schock und die Provokation verzichten kann.

„Die Flucht des Geistes, sich in der Phantasie lebend zu wissen. Aus der täglichen Katatonik mit einem ungeheuren Sprung menschlicher Energie zu entfliehen, um sich in die Himmelssphäre einzuschleichen", schreibt Rebecca Horn in einem Text für Buster Keaton. Mit der Feder, diesem ihr wohl liebsten und vielleicht adäquatesten Requisit, hat sie selbst die Himmelssphäre zu berühren versucht, und wenn Ikarus nicht schon ein Mythos wäre, dann hätte sie ihn vielleicht erträumt, erfunden. So aber hat sie die schwarzen, glänzenden Federn zu Maske und Mantel der „Paradieswitwe" gefügt, hat mit einer Hahnen- und einer Kakadumaske Rituale der Zärtlichkeit erprobt und mit großen, weichen Pfauenfedern bewegte Reservate zarter Entrükkung geschaffen.

Die Feder als Kleid und Schutz, als zweite Haut und erotisches Prunkgewand, als Insignie schließlich der Beweglichkeit, des sich Erhebens von der Erde, in die Lüfte, in die Freiheit. Die Feder, der Vogel, das Ei, wieder schließt sich der Kreis, der Zyklus des Geschehens.

Wenn Buster Keaton sich aus dem Fenster im 103. Stock des Bürohauses von Sears und Roebuck in Chicago hinauslehnt, dann wird die leuchtend blaue Feder, die über seinen Augen liegt, langsam heruntertaumeln. Wie lange wird sie brauchen, bis sie, von günstigen Winden über den Ozean getragen, durch die grünen Baumkronen des Odenwalds auf Rebecca Horns Arbeitstisch niederfällt?

Lehnart, Ilona: Bode-Preis: Würdigung „über den Tag hinaus". In: Hessische/Niedersächsische Allgemeine, 18.12.1986.

Wolfgang Laib

Preisverleihung •
20. September 1987, letzter Tag der documenta 8, im Museum Fridericianum vor dem Ausstellungsraum des Künstlers.

Text der Verleihungsurkunde •
Wolfgang Laib wendet sich nach dem Studium der Medizin und der indischen Religionen, Philosophie und Sprachen ausschließlich der künstlerischen Arbeit zu, er hat diese seit 1976 in vielen Einzelausstellungen in Museen und Galerien gezeigt. Er ist ein Künstler, der in seinen direkt auf den Boden gelegten oder gestreuten skulpturalen Gesten und Werken unermeßlich weite, innere Räume erschließt: die stets neue spirituelle Verbindung von Orient und Okzident. Das „Reishaus", die rechteckigen Felder aus Blütenstaub, deren Ränder und Grenzen sich im flachen Horizont der Oberflächen auflösen, die konischen Gebilde aus Blütenstaub, die für ihn zu unbesteigbaren Bergen werden, und auch die „Milchsteine", in denen Organisches und Anorganisches, Flüssiges und Festes eine Osmose eingehen – dieses sind die Formen, die Laib uns gibt. Es handelt sich dabei weder um Skulpturen kleinerer oder mittlerer Dimensionen noch um Objekte im eigentlichen Sinne, vielmehr um plastische Aussagen, die zur Meditation anregen: Meditieren über das Fragile und Unberührbare, meditieren über die Materie, über die Zeugung in der Natur und im Denken, meditieren über das reine Pigment und den Reichtum intensiver Gelbtöne des Blütenstaubs wie auch seines Duftes, meditieren über die Reinheit, meditieren über die Zeit – die Zeit, die der Künstler investiert, seine eigene Zeit, die Zeit in der Natur, die universale Zeit. Nichtspektakuläres wird so zum Ereignis in der Stille.

Die Arnold-Bode-Stiftung freut sich, dem an der documenta 8 teilnehmenden Wolfgang Laib für seine kompromißlos gestalteten Einheiten von Sichtbarem und Unantastbarem den diesjährigen Arnold-Bode-Preis zu verleihen.

Laudatio • Harald Szeemann
Wolfgang Laib, ehemals Arzt, findet im Vegetarismus, in der Reinkarnation, der orientalischen Lebensweise und Gedankenwelt ein oft übersehenes ethisches und moralisches Bewußtsein, das in der ästhetischen Dimension, für die er mit seinen stillen Werken kämpft, allgegenwärtig ist. Was er anstrebt, ist die Geisthochzeit von Orient und Okzident: nicht im naiven Verständnis eines Facteur Cheval, noch im Sinne spiritistischer Vorstellungen der Begründer der Theosophie. Vielmehr ist Laib, ein Künstler, der die Sprache zeitgenössischer Plastik beherrscht, zutiefst von der Eigenständigkeit des Kunstwerks überzeugt. Seine Geistsuche ist die Herstellung der Gleichung von Spiritualität und Form in dem sichtbaren und unantastbaren Einen.

Das Abstrakte bedeutet für ihn Konkretisierung eines vorhandenen Mikrokosmos, in dem ein möglicher Makrokosmos aufscheint, in dem das Organische sich dem Anorganischen verbindet, in dem die Skulptur zum Schrein wird, wo Blütenstaub zu reinem Pigment, zu Weite, zu Bergwelt wird. Das „Reishaus", die rechteckigen Felder, deren Ränder und Grenzen sich im flachen Horizont der Oberflächen auflösen, die konischen Gebilde aus Blütenstaub, die für ihn unbesteigbare Berge sind, und auch die „Milchsteine" – dieses sind die Formen, die Laib uns gibt. Es handelt sich dabei weder um Skulpturen kleiner oder mittlerer Abmessung, noch um Objekte im eigentlichen Sinne, vielmehr um plastische Aussagen, die zur Meditation anregen: meditieren über das Fragile und Unberührbare, meditieren über die Materie, über die Zeugung in der Natur und im Denken, meditieren über das reine Pigment und den Reichtum intensivster Gelbtöne von Blütenstaub wie auch seines Duftes, meditieren über die Reinheit, meditieren über die Zeit – die Zeit, die der Künstler investiert, seine eigene Zeit, die Zeit in der Natur, die universale Zeit. So wird das Nicht-Spektakuläre zum Ereignis: Der Blütenstaub wird zum Heiligen Berg, der Quader aus weißem Carrara-Marmor vollzieht eine Osmose mit der Milch, und diese beiden spiegelnden Stoffe, der eine flüssig, der andere fest, gehen auf in ein Einziges, sei es Stein oder Milch, während der geheimnisvolle Reis das Haus ohne seitliche Öffnungen gleichzeitig betritt und verläßt, bewacht von Siegelwachsstäben. Quader, Konus und Haus-Schrein sind direkt auf den Boden gestellt.

Welch großer Atem, welche Befreiung, nachdem der Sockel in der Skulptur der Nachkriegszeit von Carl Andre, Donald Judd, Richard Serra, Richard Long, Ulrich Rückriem, Joseph Beuys abgeschafft wurde! Über das skulpturale Ereignis des Bodens wurde der Materie Spannung und durch sie dem Raum neue Energien gewonnen. Die Geste, die so natürlich und gleichwohl so schwer nachvollziehbar ist, war für die Skulptur eine Revolution und phantastische Vermehrung des Vorstellbaren. Der Künstler zeigt seine Skulpturen entblößt („mises à nu") und verbindet mit der Bescheidenheit von Vorschlag und Geste eine über alles Maß hinausgehende Ambition.

Die Erde fühlen und den Boden, dort liegen und den Blick nach oben richten – das sind ideale Bedingungen zum Träumen, sich das Universum vorzustellen, die Hauptgewohnheiten des Modulor (sitzend oder stehend) abzulegen, sich ganz dem Gefühl hinzugeben, das Kleine und das Große verschmelzen zu sehen, ihr Begriffliches aufzulösen. Von oben betrachtet ist ein kleiner Konus aus Blütenstaub nichts weiter als ein kleiner gelber Haufen, vom Boden her dagegen wird er zu einem Respekt fordernden Berg. Eine rechteckige Fläche aus Blütenstaub, von oben gesehen, ist eine Fläche aus blendendem Gelb, in Augenhöhe jedoch wird sie zum Planeten. Für den „Milchstein" vollzieht sich die Osmose bei einer Augenhöhe von 5 cm über dem Boden. Diese Reise außer und in der Zeit – fast vergleichbar mit dem Konzert von La Monte Young, bei dem die Zuhörer, auf dem Rücken liegend, einen einzigen Ton 100 Tage lang erleben konnten – ist um so nachhaltiger, als es weder Hinweise noch Erläuterungen gibt.

Der Besucher in Laibs Atelier oder in einer seiner Ausstellungen wird mit den kompromißlos und mit seltener Aufmerksamkeit für das

1988
Die Stiftung beschließt, den Vergaberhythmus zu ändern. Nachdem sich das Kuratorium für eine Erhöhung des Preisgeldes auf 15.000 DM entschieden hat, soll die Auszeichnung nur noch alle zwei Jahre, stets jedoch in einem documenta-Jahr verliehen werden. Um eine aktuelle Verzahnung von documenta und Preiskomitee zu gewährleisten, verzichtet Harald Szeemann auf die Mitarbeit im Kuratorium und macht seine Position für Jan Hoet, Direktor des Museums für Gegenwartskunst in Gent (Belgien) und künstlerischer Leiter der documenta 9 (1992), frei. Seitdem ist die Präsenz der jeweiligen documenta-Leitung im Kuratorium obligatorisch.

geringste Detail eingerichteten Skulpturen sowie vor allen Dingen mit ihrer Anordnung im vorgegebenen Raum allein gelassen. Er muß die von der Ausstrahlung der einzelnen Werke diktierte Distanz erspüren und fühlen, wie die Spannung, die durch die virtuellen Zwischenräume ausgelöst wird, die Atmosphäre orchestriert: Das winzig Kleine läßt den Raum vibrieren und gewinnt dadurch Größe. Wirklicher Kunst gelingt es immer, den „Ton" genau zu treffen. Sie trägt in sich die fundamentale Überzeugung der „inneren Notwendigkeit", aus der sie entsteht und die wiederum gleichzeitig die Wahl neuer Werkstoffe und Formen diktiert.

Wolfgang Laib ist kein Europäer indischer Prägung, der sich des Kontextes der Kunst bedient; er ist vielmehr ein bewußt zeitgenössischer Künstler, der durch kleinste skulpturale Gesten unermeßlich weite Räume aufzeigt. Kunst ist mit ihm eine Lektion von Freiheit in der Geduld, die zu einer Dehnung der Zeit führt. All denjenigen, die noch immer am Postmodernismus festhalten, stellen Laib und andere seit einigen Jahren ihre Ewigkeiten gegenüber, bestehend aus der ununterbrochenen Folge des Präsenten. Und zum Schluß, ästhetisch gesprochen: Seine Werke sind von einer absoluten Schönheit, die anders atmen läßt. Anahata.

Schwarze, Dirk: Zu den Quellen des Lebens. Arnold-Bode-Preis an Wolfgang Laib. In: Hessische/Niedersächsische Allgemeine, 27.6.1987.
Arnold-Bode-Preis an Wolfgang Laib. In: Frankfurter Rundschau, 29.6.1987. U.a.
Hein, Christina: Der universalen Wahrheit auf der Spur. Arzt und Künstler Wolfgang Laib. In: Ärzte Zeitung, 31.7.1987.
Schwarze, Dirk: Bode-Preis an Laib. In: Hessische/Niedersächsische Allgemeine, 21.9.1987.
Lehnart, Ilona: Ästhetik, die aus der Stille kommt. Wolfgang Laib Bode-Preisträger 1987. In: documenta press 3. Juli 1987. S. 5.
Blase, Karl Oskar: Urformen des Überlebens. Arnold-Bode-Preis an Wolfgang Laib. In: Informationen. 9/1987. S. 22.

1989 Edward Kienholz

Preisverleihung •
21. Mai 1990 im Berliner Atelier des Künstlers.

Text der Verleihungsurkunde •
Seit nunmehr fast drei Jahrzehnten gelingt es Ed Kienholz, höchst eindringliche und immer wieder auch schockierende Environments, Assemblagen, Objekte, Collagen und Tableaus zu schaffen, die entweder eine moralisch-politische Botschaft pointiert formulieren oder zumindest einen sozialen Befund drastisch bildhaft machen.

Die Einsamkeit und Verlorenheit alter Männer in einem verkommenen amerikanischen Hotel, die trostlosen Existenzen in Bordells und Peepshows, das Ausgeliefertsein gefesselter Patienten in der Psychiatrie, die peinigenden Schmerzen einer Gebärenden – Kienholz findet für solche Situationen am Rande des täglichen Daseins stets genau den Moment, in dem der Schrecken am größten, die Hoffnungslosigkeit am entsetzlichsten, das Leiden am unerträglichsten ist. Seine Mittel: Der Zivilisationsmüll, die dinglichen Relikte des Lebens – und abgegossene Menschenfiguren, die zusammen mit ihrem Ambiente zur plastischen Groteske gerinnen. Kienholz verwandelt sein kurioses Material durch Übersteigerung und Verzerrung (beispielsweise werden die Köpfe eines Richter-Kollegiums durch Tierschädel ersetzt) in eine neue, absurde Realität.

So wird durch den künstlerischen Eingriff, durch Verfremdung und Verdichtung das Banale zum Menetekel, Räume, in denen sich latente oder offene Gewalt ereignet, brennen sich dem Gedächtnis des Betrachters ein, der bei Kienholz oft die passive Rolle des Voyeurs verlassen und selber in das Geschehen(e) eintauchen muß. Unvergeßlich die grausame Szenerie, die Kienholz 1972 für die documenta in Kassel aufgebaut hatte: Im Lichte der grellen Scheinwerfer von fünf US-Cars malträtieren rassistische weiße Amerikaner nächtlings einen Schwarzen. Das konnte man nicht im Vorübergehen einfach nur registrieren oder als – relativierende – künstlerische Wirklichkeit abhaken. Das zielte über die Sinne unmittelbar ins Herz.

Edward Kienholz argumentiert nicht intellektuell. Seine Metaphern sind konkret und direkt. Sie sollen wirken und betroffen machen. Darum erreicht er auch Menschen außerhalb elitärer Zirkel: Wer z.B. ein monumentales Geschoß, eine gigantische Patrone im Rahmen eines christlichen Kreuzes sieht, der begreift sofort, daß Kienholz mit dieser bösen Ikone Anklage gegen die erhebt, die auch heute noch im Namen der Religion Kriege entfesseln.

Das Kuratorium der Arnold-Bode-Stiftung verleiht den Arnold-Bode-Preis 1989 an Edward Kienholz auch in Würdigung der künstlerischen Arbeit seiner Frau Nancy, die ab 1981 Mitautorin des gemeinsamen Werkes ist.

Der Preis gilt dem unbeirrbaren Engagement, der nicht nachlassenden künstlerischen Kraft und der Inspiration in Gestalt ebenso ungewöhnlicher wie packender „plastischer Erzählungen".

Schwarze, Dirk: Künftig nur noch alle zwei Jahre. In: Hessische/Niedersächsische Allgemeine, 13.7.1988.
Schwarze, Dirk: Bekenntnis zu kritischer Kunst. Bode-Preis an Edward Kienholz. In: Hessische/Niedersächsische Allgemeine, 28.4.1989.
Schwarze, Dirk: Späte Übergabe. In: Hessische/Niedersächsische Allgemeine, 19.5.1990.

Thomas Schütte

Preisverleihung •
29. November 1991 im Rahmen einer Ausstellung des Kasseler Kunstvereins. Gezeigt werden u.a. das Modell und die Entwurfszeichnungen zu Schüttes documenta 8-Beitrag „Eis". Die Laudatio hält Jan Hoet (frei vorgetragen).

Text der Verleihungsurkunde •
Wenn die Arbeit von Künstlern der weitestgehende, empfindsamste und klarste Ausdruck der Beziehung zwischen dem Individuum und der Welt ist, dann hat das Werk von Thomas Schütte diese Qualität erreicht.

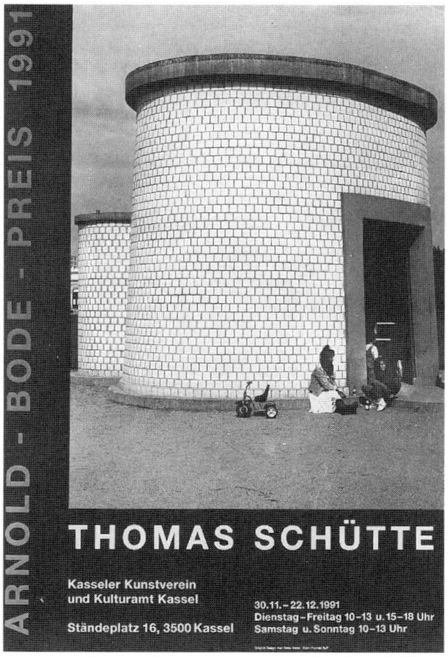

Das Individuum in seiner leidenschaftlichen Gefühlsverfassung ist der Welt gegenüber offen. Die Arbeiten, die Aktionen, die Zeichen, die es setzt, sind leuchtende Spuren einer Reise, sind Dinge neben anderen Dingen – aber erfüllt von all der hellen Energie, die menschliches Wesen ausstrahlt. Die Anwesenheit eines Werkes ist dann Zeugnis dieser Reise, die – dem Schrecken der Zeit und der Geschichte ausgesetzt – zum lebendigen Zeugnis menschlicher Existenz wird, ist der empfindsame Gefühlsausdruck, der uns umschließt und in dem jeder von uns sich wiederfinden mag.

Die Beziehung von Schütte als Künstler zur Geschichte, zur Kultur, Architektur und alltäglichen Lebensumständen, zu den Requisiten auf der Bühne der Welt, kurzum: zu allen Aspekten, die menschliches Handeln und Sein bestimmen, durchdringen und formen seine Arbeiten, lassen sie zum unübersehbaren Ausdruck lebendiger Energie innerhalb dieser Welt und für diese Welt werden.

So erhält die künstlerische Arbeit die gleiche unübersehbare Gegenwärtigkeit wie das einzelne Individuum auf seiner existentiellen Reise auf der Bühne dieser Welt. Das Individuum in seiner Einzigartigkeit zu erhalten, die Dinge, die mit ihm in Berührung stehen, die von ihm geschaffen wurden und nach denen es sich sehnt, zu erhalten, dies ist wohl die eigentliche Errungenschaft, die wir in der Kunst von Thomas Schütte erkennen.

Thomas Schütte geehrt. In: Hessische/Niedersächsische Allgemeine, 9.7.1991.
Schwarze, Dirk: Die Frage nach Hitlers Grab. In: Hessische/Niedersächsische Allgemeine, 30.11.1991.
Schwarze, Dirk: Hoet würdigt Schütte als aufmerksamen Beobachter. In: Hessische/Niedersächsische Allgemeine, 1.12.1991.
Schmitz, Rudolf: Keimende Schrecken. Thomas Schütte im Kasseler Kunstverein. In: Frankfurter Allgemeine Zeitung, 19.12.1991.
Georgsdorf, Heiner: (Preise und Auszeichnungen) In: Kunst-Bulletin. 12/1991. S. 31.

1991

Neu in das Kuratorium berufen werden der Finanzfachmann Henning Osthues-Albrecht (Stadtsparkasse Kassel) – 1992 gefolgt von Klaus Lukas – und der Kunstkritiker Alfred Nemeczek („art").

1992

Reiner Ruthenbeck

Preisverleihung •
Zur documenta 9 zeigt Reiner Ruthenbeck eine Arbeit, die in besonderer Weise auf die Topographie der Kasseler Ausstellungsreihe eingeht: Bei „Red Lift – Blue Lift" sind die beiden parallel laufenden Aufzüge im Museum Fridericianum mit rotem und blauem Neon in nebeneinander auf- und absteigende Licht- und Farbräume verwandelt. Da die Installation über die documenta 9 hinaus für das Museum Fridericianum erhalten werden kann, findet die Preisverleihung am 17. Dezember 1992 in der Rotunde des Ausstellungsgebäudes statt.

Text der Verleihungsurkunde •
Die Arnold-Bode-Stiftung ehrt mit dieser Auszeichnung einen Künstler, der zu den wichtigsten und interessantesten Vertretern der abstrakten Skulptur in Deutschland zählt.

Reiner Ruthenbeck, 1937 in Velbert bei Düsseldorf geboren, hat viermal an der documenta teilgenommen und überzeugte mit Arbeiten, die sich durch Einfachheit und Klarheit auszeichnen. Ohne persönliche, vordergründige Handschrift sind seine Objekte doch einem identifizierbaren unverkennbaren Charakter zuzuordnen. Was sie auszeichnet, ist die Idee der Arbeit, die jeweils frei interpretierbar scheint, vieldeutig, ohne mystifizierend zu sein. Abweisend und anziehend, neugierig und gleichgültig machend, sind sie eine stille Provokation auf das stumpf gewordene ästhetische Empfinden unserer Zeit.

Räumlichkeit und Plastizität arbeitet Reiner Ruthenbeck aus den profansten Dingen heraus und gibt den Gegenständen eine „metaphysische" Bedeutung, die sich, läßt man sich mit ihnen ein, wie selbstverständlich erschließen. Kontinuierlich entwickelte Ruthenbeck sein Grundmuster der zeitgenössischen Plastik. Der Beuys-Schüler (1962-1968) entfernte sich gleichsam von seinem Lehrer, indem er die einfachen Dinge als Raumkörper, als Architektur zusammenbringt und Bedeutung durch Gegensätzlichkeit erfindet.

So ist auch seine Arbeit auf der documenta 9 zu verstehen, als konsequente Folge einer Raum-Farbe-Licht-Ton-Skulptur, der noch die interaktive Wahrnehmung, die Wechselwirkung von auf und ab, von Offen- und Geschlossenheit eigen ist.

Laudatio ● Klaus Gallwitz, Direktor des Städelschen Kunstinstituts Frankfurt/Main

Red Lift – Blue Lift

Man faltet ein quadratisches weißes Stück Papier je einmal über die Diagonale. Die beiden Knickfalten kreuzen sich im Mittelpunkt des Blattes. Die vier Ecken des Bogens legt man zur Mitte hin zusammen. Dadurch halbiert man das Blatt in der Fläche, ein halb so großes Quadrat entsteht daraus. Nun wendet man das Blatt und knickt noch einmal die Außenecken zum Schnittpunkt der Diagonalen in der Mitte zusammen. Das Resultat: Noch einmal vermindert sich die Blattfläche um die Hälfte, insgesamt auf ein Viertel der ursprünglichen Ausmaße. Für die Mittelfalten und die Diagonalen läßt sich eine Art räumlicher Stern knicken. Zieht man die äußeren 'Taschen' heraus, erhält man 'Pfeffer und Salz': eine Faltung mit vier Spitzen, die sich über zwei Achsen öffnen und schließen läßt. Diese in allen Teilen gleichmäßige Faltung und Unterteilung ergibt einen Gegenstand, den man – mit der Spitze nach unten – auf den Tisch stellt. Aber es geht auch anders. Benutzt man die vier Fächer für vier Finger – zwei von jeder Hand –, so läßt sich das Gebilde über zwei Achsen öffnen und schließen, einmal vertikal, einmal horizontal. Vorher werden die Innenflächen der geöffneten Partien – jeweils vier rechtwinklige Dreiecke – zum Beispiel einmal rot und einmal blau angemalt. So kommen dergestalt bei der vertikalen Richtung vier blaue Felder zusammen – der Himmel, und bei der Öffnung in der horizontalen vier rote Felder – die Hölle. Himmel oder Hölle war die Frage, die man, bei geschlossenem Zustand des gefalteten Papiers, dem Gegenüber stellte. Er sollte die Gelegenheit haben, seinen künftigen Aufenthalt zu bestimmen. Und hatte mit dem Finger auf die eine oder andere Falzrichtung zu deuten. Die Achse öffnete sich, und der Befragte sah sich nun im Himmel oder in der Hölle.

An diesen Spielmechanismus mußte ich denken, als ich auf der diesjährigen documenta Ruthenbecks „Red Lift" und „Blue Lift" sah. Nicht sofort. Der Eingang zur documenta war diesmal ein Zugang durch die Symbole von Schrecken und Gewalt, und aus der Bilderkammer tönte die Stimme von Bruce Nauman. Man konnte sich ihr nicht entziehen. Diesem Spektakel gegenüber zwei lautlose, achsensymmetrische Positionen, der rote Lift und der blaue Lift. Im Zentrum des Eingangs, wo früher einmal die schöne, halbrunde und nun abgebrochene Treppe ansetzte, dieses Angebot zur Beförderung. Nach oben oder unten, gleichviel, rot oder blau.

Ruthenbecks Installation nahm keine Rücksicht auf Umgebung und Nachbarschaft. Der Beförderungsmechanismus der Lifte war sekundär, primär allein die völlige Amalgamierung von Idee, Farbe, Raum und Körper.

In ganz wenigen Fällen und kaum so überzeugend wie hier war es auf der diesjährigen documenta gelungen, den Ort und das künstlerische Konzept zur Übereinstimmung zu bringen. Das große Versprechen führte meist ins Leere: Entweder waren die Künstler überfordert oder sie waren unterfordert. Reiner Ruthenbeck, mit einem erprobten Blick für die örtliche Situation und die künstlerische Fragestellung, traf die richtige Entscheidung.

Blau und Rot sind 'Wappenfarben'. Mit ihnen hat er besonders gern operiert. Sie liefern die Indikatoren für Begriffe wie Ruhe und Aktivität, kalt und warm, Nähe und Ferne, Stille und Geräusch. Vieles mehr läßt sich mit Blau und Rot vermitteln, aus dem Farbenspektrum ebenso wie aus der psychologischen Qualität der Farben. Ihre gleichwertige, nahezu spiegelbildliche Anbringung am Lift in Kassel, die sich in jeder Etage wiederholte, gab nicht nur den Betrachtern, sondern vielleicht noch stärker den Liftfahrern selbst das Gefühl einer komplexen, ebenso einfachen wie vieldeutigen Orts- und Raumbestimmung. Das Objekt 'Lift' in Blau und Rot erwies sich überraschend als Vehikel, Ruthenbecks künstlerischen Ansatz in bisher nicht erfahrener Weise komplex zu verstehen. Die wichtigsten Intentionen vorausgegangener Arbeiten haben im System von „Red Lift – Blue Lift" eine gewisse Fortentwicklung und unangestrengte Perfektion erreicht. Ruthenbeck ist mit diesem Beitrag zur documenta 9 seine nach vier documenta-Teilnahmen wichtigste Arbeit gelungen.

In seiner vorsichtigen, bedächtigen Weise zu formulieren, notierte Ruthenbeck bereits vor vielen Jahren einmal: „Seit einiger Zeit beschäftige ich mich, außer mit anderen bildnerischen Problemen, besonders mit den Beziehungen von Innenräumen und den Funktionen von Architekturteilen. Meine Kunstobjekte benutzen diese als Träger, markieren, betonen und/oder stören sie."

Diese Erklärung ist dem Liftprojekt von Kassel wie auf den Leib geschrieben. Dabei hat sie Ruthenbeck 1976 formuliert, als er für seine beiden Räume im Deutschen Pavillon der Biennale in Venedig seinen „Doorway" entwickelte. Daraus wurde die erste Arbeit, die er für eine spezielle Lokalität entworfen und nur in ihr und für sie realisiert hatte. Die vorausgehenden, älteren Arbeiten waren transportabel. Die Installation von Venedig bedeutete damals eine Veränderung in der Aufgabenstellung: statt des deutlich auf einen Innenraum eingehenden Konzepts, das mit Sorgfalt für eine bestimmte Architektursituation ausgewählt, in Beschaffenheit und Maßstab an diesem orientiert ist, potentiell aber auch an anderer Stelle angebracht und gezeigt werden kann, statt des mobilen damals erstmalig ein statisches Objekt. Es wurde für und in Venedig realisiert. Außer dem Modell für „Doorway" und einer Reihe von Fotografien ist davon nichts mehr erhalten.

In *Gazzetino*, dem beliebten Morgenblatt in Venedig, sah man am Tage, als die Biennale 1976 im Juli eröffnet wurde, auf der ersten Seite den Doppelraum von Ruthenbeck abgebildet. Mit diesem Aufmacher wurde der erste Bericht über die Biennale verbunden. Ihr Thema *Ambiente Fisico* war ein theoretisches und zugleich politisches Thema. Die Abbildung von Ruthenbeck hat alle daran geknüpften Spekulationen vergessen lassen. Seine Räume im deutschen

Pavillon, neben „Tramstop“ von Joseph Beuys und „Die Schwierigkeiten des Kentauren beim vom Pferd Steigen“ von Jochen Gerz, gaben für alle italienischen Leser sichtbar und kontrollierbar wie in einem Musikstück das Thema an.

An dieser Biennale hatte auch mit seiner letzten Arbeit Blinky Palermo teilgenommen, wie Ruthenbeck ein Schüler von Beuys. Die junge Maria Nordman war dabei, ebenso der Israeli Karavan. Aber von Ruthenbeck kam die Abbildung. Vielleicht auch deshalb, weil durch ihn die Vermeidung jedweder Nebensächlichkeit und Emotion offensichtlich wurde. Die Knappheit der Mittel und ihrer Sprache, die Einfachheit des Themas und die Bescheidenheit des Vortrags bedurften keiner weiteren Interpretation. Schwarz und Weiß waren die farbigen Elemente, so wie Rot und Blau bei den Aufzügen in Kassel: ein Dialog. Man nahm an ihm teil, zunächst physisch als Betrachter im Raum, dann nachdenklich als Partizipient eines Vorgangs, schließlich sinnlich beteiligt an dem lautlosen, intensiven Austausch der Beziehung von Wand, Raum, Spannung und Ruhe.

Der Weg von Venedig, damals, nach Kassel, heute, ist für alle, die Ruthenbeck zu folgen gewillt sind, nicht mühevoll und widersprüchlich, sondern eigentümlich einfach und folgerichtig. Das Zeit-Raum-Befinden, das sich in allen seinen Arbeiten mitteilt, stellt ein Kontinuum her, das den Betrachter jedes Mal von neuem in Bann zieht, gerade weil ein geheimnisvolles Déjà-vu-Erlebnis damit verbunden ist.

Ganz im Gegensatz zur Langeweile, die sich beim Déjà-vu gewöhnlich einstellt, animieren Ruthenbecks Gegenstände und Räume bei jeder Begegnung, und der Begriff der Animation muß hier in seinem ursprünglichen positiven Belebtsein verstanden werden und nicht im Sinn einer oberflächlichen Stimulation.

Schon einmal gesehen – für diesen Moment der Wiedererkennung setzt Ruthenbeck seine Mittel nie in gleicher, jedoch ähnlicher Weise ein. Sie bleiben immer 'nachvollziehbar', aber sie setzen die gedankliche und sinnliche Aktivität des Betrachters voraus. Sie fordern dazu auf und laden dazu ein. Manchmal ist es nur ein geringfügiger kleiner Wink, der unsere Aufmerksamkeit fesselt und uns vergnügt eine unvermutete, schöne Wiederbegegnung oder eine neue Erfahrung spüren läßt. In der kühlen, kontrollierten und behutsamen Art, in der sich Ruthenbeck mitteilt, kann man immer auf ihn 'gefaßt' sein. Die Façon spielt für ihn eine nicht geringe Rolle. Er hat ihr die einfachen stereometrischen Körper zugewiesen: Kegel, Kugel, Würfel. Zur Façon gehören aber auch Gegenstände, die uns durch ihre Vertrautheit beinahe zu Leitmotiven geraten sind: der Tisch, die Leiter, der Stuhl. Mit ihnen operiert Ruthenbeck, als wäre er ein Jongleur. Doch dies ist nur Tarnung. Die sogenannte Zitierfreiheit nutzt er – als Künstler – urheberrechtlich nicht aus. Die Unauffälligkeit ist es, die knappe Funktion oder Funktionsteilung, die ihn beschäftigt. Er kombiniert, zitiert und beläßt doch jedem Gegenstand und jedem Objekt ein materielles Grundrecht. Das Geheimnis liegt dann darin, daß sich erst durch diese tatsächliche und doch so schwer kalkulierbare Geduld mit den Verhältnissen die Transzendenz einstellt, die wir in seinen Werken immer wahrnehmen können.

Ohne Frage: Es ist ein Akt der Balance, und nach allen Seiten versucht er diese herzustellen. Raum und Körper, Farbe und Form – nichts soll verloren gehen oder untergeordnet sein. Der Schwebezustand, in den wir seine Räume, Installationen und mehrteiligen Arbeiten immer wieder versetzt sehen, ist nicht für sich selbst da, sondern immer nur ein Durchgang zu einer umfassenderen Definition der Verhältnisse.

Reiner Ruthenbeck erhält den Arnold-Bode-Preis gewiß nicht deshalb, weil er seit 1972 viermal an einer documenta teilgenommen hat. Und doch: Die Künstler machen die Kunst. Ruthenbecks Beiträge waren in Kassel immer eine stille Sensation. Für den öffentlichen Ankauf der ersten Arbeit 1972 machte ich den Vorschlag. Es war die „Aufhängung IV" (600 x 750 cm), ein roter Stoff mit einem Metallstab. Der Erwerbung folgte die Ernüchterung. Der Käufer war die Bundesrepublik Deutschland, und das Innenministerium fand keinen Platz, sie wieder aufzuhängen. Ruthenbeck kam zu mir ins Städel nach Frankfurt. Wir suchten im hohen Treppenhaus nach Raum, nach Luftraum, er reichte nicht aus. Noch einmal, 1989, als der Städel-Anbau entworfen wurde, plädierte ich für eine überzeugende Aufhängung in der neuen Eingangshalle, der von Gustav Peichl so benannten 'Villa'. Aber auch hier ließ sich die angekaufte Arbeit nicht unterbringen. Es ist zu hoffen, daß für diesen seinerzeit kühnen Ankauf der „Aufhängung IV" auch eine befriedigende Aufhängung gefunden wird.

Der zweite Beitrag in Kassel, fünf Jahre später auf der documenta 6, waren die sieben Klapptafeln, schwarz gestrichene Aluminiumplatten, 135 x 90 x 0,5 cm. Man konnte sie, die im Gang befestigt waren, wie Lamellen einzeln bewegen, maximal um 180 Grad. Die Arbeit kam jedem Besucher entgegen, aber sie biederte sich nicht an. Sie zog sich immer wieder auf sich selbst zurück, auf die Wand, auf Schwarz und Weiß, auf ihre sichtbare Begrenztheit. Ruthenbecks Tafeln stimulierten einen Gang durch künstliche Räume, Raumsegmente, ein irritierendes und zugleich auch ein befreiendes Erlebnis. Nichts schien einfacher, nichts schwieriger, nichts offener, nichts geheimnisvoller als die Reihe der sieben Tafeln. Weit entfernt davon, draußen vor dem Portikus des Fridericianums, markierten zwei schmale Eisenstangen von je sieben Metern Länge ein „Kreuz für eine Säule".

Im Jahr 1982, auf der 7. documenta, stießen wir auf drei Tische. Auch wenn der Raum selbst nicht zu betreten war, handelte es sich doch um eine Art Ambulatorium: ein Tisch mit Kugel, ein Tisch mit schrägem Kasten, ein Tisch mit untergehängtem Block. Drei gleiche Gegenstände und drei höchst verschiedene Mitspieler. Die Tische waren weiß, die Aluminiumkugel blau, der schräge Kasten braun und der untergehängte Block grün. Wie ging dies zusammen? Auf keine andere Weise, als in der Balance einer einmaligen 'Tischgesellschaft'. Der Zustand eines *être sociable* wie ihn die Franzosen kennen, war hier buchstäblich auf den Begriff gebracht. Warum hat der mit Modellen experimentierende Nicolas Poussin diese Arbeit nicht sehen können?

Auch ein anderer Maler hätte sein Vergnügen daran: Max Beckmann. Das liegt daran, daß Ruthenbeck auf unspektakuläre Weise Stilleben herstellt. Die eigentümliche Kraft des Stillebens hatte auch Beckmann begriffen und leidenschaftlich dieses hintergründige Genre erprobt. Er verwendete mit Vorliebe die magische Schusterkugel. Einmal wirkte sie leicht, ein andermal schwer wie der Globus. Ein Gebilde, aus dem sich vielleicht die Zukunft lesen ließ. Wer wollte damals, in den 30er Jahren, hineinschauen?

Die Metaphysik des Stillebens – Ruthenbeck hat noch in seinem blauen und roten Aufzug auf der diesjährigen 9. documenta davon Gebrauch gemacht. Das Ambiente war da. Bei offener Tür leuchtete der Innenraum rot oder blau, ein toter Raum, so lange er leer stand, eine nature morte. Wir sagen *Fahr*stuhl, aber Ruthenbeck hatte ihn stillgelegt. Er hatte das Aussehen einer exotischen Totenkammer, aber dieser Eindruck stellte sich erst später ein. So erschien er auf den ersten Blick als schmaler Bühnenraum, ausgeräumt, zu betreten nur gegen einen gewissen inneren Widerstand vielleicht, aber dann auch wieder gewöhnlich, alltäglich, indifferent.

Die Minimalisierung des Abstands zwischen Trivialität und Metaphysik, zwischen Funktion und Symbol: um nichts anderes handelt es sich bei „Red Lift – Blue Lift". Beckmann würde diese beiden Aufzüge vermutlich schätzen. Er könnte sie sogar verwenden als zeitgemäße Seitenflügel für ein Himmel-und-Hölle-Triptychon. Die Proportionen kommen ihm entgegen, auch der Inhalt und auch die Farbe.

Die geschütteten „Aschehaufen" (1968) sind schön. Vielleicht ist der weiße oder der schwarze „Papierhaufen" (1969) schöner. Die Ästhetik gerät bei Ruthenbeck nie in Bedrängnis. Noch die anspruchslosesten Materialien haben mittels ihrer Form oder ihrer Verwendung etwas Graziöses. Ein Hauch von Humor teilt sich flüchtig mit. Manchmal scheint es so, als würden sich die Objekte und Skulpturen unversehens entfernen, entschweben, entschwinden. Dabei ist ihre Bodenhaftung unzweifelhaft, ihre Materialität nicht vorgetäuscht, sondern real, die Bearbeitung solide und professionell.

Ohne Frage trifft für Ruthenbecks Arbeiten zu, was einmal als der *Noli me tangere*-Effekt genannt wurde. Diese Wirkung hängt von der labilen Gleichgewichtslage ab, in der sich Körper und Objekte im Raum und zueinander verhalten oder in die sie entsprechend gebracht sind. Er wird aber auch hervorgerufen durch die besondere, mitunter leicht ironische Handhabung ihrer Gegenständlichkeit, ihrer Oberfläche und ihrer Patina, wenn man damit einmal die außerordentlich sorgfältig behandelte äußere Erscheinungsform, ihre besondere Materialität bezeichnen kann.

Die natürlichen Falten eines Tuches, die aus den Eigenschaften des Stoffs, seiner Größe und seines Gewichtes resultieren, spielen dabei ebenso eine Rolle wie die Bügelkanten bei einem anderen Stoff oder die unterschiedlichen Qualitäten von gefaltetem und zerknülltem Papier. Gummi und seine Elastizität erscheinen, je nach Funktion und Absicht, einmal schlaff, ein andermal straff und gespannt. Immer präsent ist in allen verwendeten Materialien der mögliche Gegensatz, offen und auch versteckt: das Runde und das Eckige, das Entspannte und das Gespannte, das Amorphe und das Gestaltete, das Labile und das Stabile, das Weiche und das Harte, das Helle und das Dunkle, das Warme und das Kalte, das Leichte und das Schwere, das Trockene und das Nasse, das Durchsichtige und das Undurchsichtige, die Fläche und der Raum, und so fort.

Ruthenbeck baut dabei auf die Wahrnehmung bei gleichzeitiger Bewußtheit der jeweils entgegengesetzten Möglichkeit. Vielleicht ist aus diesem Grund die Diagonale ein bei ihm immer wiederkehrendes Prinzip: Meßlatte und Raumteiler, Zeichen für die Aufhebung einer rechtwinkligen Begriffswelt, ein Zeichen zwischen Oben und Unten, Liegen und Stehen, für vorn und hinten, für sowohl als auch. Ein Ausgleich der Gegensätze, ihre Vermittlung.

Wir gehen noch einen Schritt weiter: Ruthenbecks klassische Figurationen beinhalten trotz ihrer kontrollierten Begrifflichkeit ein Spurenelement von Magie. Natürlich ist diese Essenz weit schwerer zu beschreiben als die konkrete Körperlichkeit seiner Objekte, die sich immer wieder als einfach und berechenbar empfehlen. Aber schließlich verwendet er mit Vorliebe gerade jene Körper und Gegenstände, die sich auch bei den Magiern finden: Würfel, Kegel, Leitern, Tücher, Keulen, Kugeln, Schirme und womöglich Löffel. Die Utensilien der Zauberei sehen, so müssen wir verblüfft feststellen, teilweise ähnlich aus. Und erscheint nicht die Ruthenbecksche Diagonale als überdimensionierter Zauberstab? Daß die Künstler auch die Magier waren, ist ein fast vergessener oder verdrängter Befund. Die Zauberer heute haben ihre Tricks. Sie haben ihre Trickkiste. Auch sie beachten das Prinzip des *Noli me tangere*. Aber sie sind Jongleure.

In einem ganz anderen Sinne stellt Ruthenbeck einen 'Vexier-Raum' her. In ihm offenbaren sich plötzlich suggestiv oder allmählich beim längeren Betrachten Qualitäten, die sich als medial bezeichnen lassen. Behutsam dirigiert Ruthenbeck unser Bewußtsein auf den transitorischen Aspekt, der sich wie ein Oberton in der Schwingung der Stimmgabel bemerkbar macht. Aus diesem Grunde ist eine seiner profansten Arbeiten zugleich die mysteriöseste: der „Tisch mit Tischtuch" von 1969, mit den ganz normalen Abmessungen 76 x 170 x 79 cm. Er steht heute im Städtischen Kunstmuseum in Bonn. Das für diese Beobachtung geschärfte Sensorium entdeckt aber hier noch einmal eine Gemeinsamkeit zwischen Ruthenbeck und dem von ihm geschätzten Maler Beckmann: Das ihnen beiden gemeinsame Bewußtsein der Doppelbödigkeit des

1994
Catherine David, künstlerische Leiterin der documenta 10 (1997), wird als Nachfolgerin von Jan Hoet ins Kuratorium berufen.

Raumes und der Gegenstände darin.

Wir kehren zurück und werfen einen Blick auf den roten und auf den blauen Lift. Ganz selten hat sich Ruthenbeck mit vorhandenen Installationen eingelassen. Was war hier eigentlich vorgegeben? Der Liftschacht, die Kabine, die Etagentüren? Nichts vom einzelnen interessierte, sondern nur das Ganze. Die verschlossenen Türen ebenso wie die offene Kabine, die Ab- und Anwesenheit des Aufzugs, sein Kommen und Gehen, die Interferenz von Blau und Rot, von Oben und Unten, die willkürlichen Steuerungsmechanismen des Publikums und der Maschine, zugleich aber auch das imaginäre Zusammenspiel über Etagen und Räume und schließlich – und auch hier wieder eine Ahnung von Magie – der Aufzug als Zauberkiste: das Verschwinden und Auftauchen der Menschen mit dem Effekt, der sich beim Öffnen einer Zauberkiste immer zeigen kann: Sie ist leer. Sie ist rot oder sie ist blau, ganz gewöhnlich, und Ruthenbeck ist ihr Meister.

Schwarze, Dirk: Bode-Preis geht an Ruthenbeck. In: Hessische/Niedersächsische Allgemeine, 3.7.1992.
Schwarze, Dirk: Idee – Farbe – Raum – Körper. In: Hessische/Niedersächsische Allgemeine, 19.12.1992.

Olaf Metzel

Preisverleihung •
16. Dezember 1994 im Kasseler Kunstverein im Rahmen einer Ausstellung, in der Olaf Metzels Treppenhaus-Installation zur documenta 8 in modifizierter Form präsentiert wird.

Text der Verleihungsurkunde •
Mit dieser Auszeichnung ehrt die Arnold-Bode-Stiftung einen Künstler, der mit seiner kreativen Arbeit konfliktgeladene Probleme aufgreift und schonungslos darstellt.

Der Plastiker Olaf Metzel, der 1952 in Berlin geboren wurde und seit 1990 eine Professur an der Münchner Kunstakademie innehat, stellt mit seinen abstrakten Plastiken aus verschiedenen trivialen Materialien und Gegenständen überzeugende Realitätsbezüge her. Die scheinbar chaotische Form seiner Objekte ist eine scharfe Analyse und Offenlegung gegenwärtiger gesellschaftlicher Zustände. Unmittelbar vor Ort, nicht im akademischen musealen Raum, sondern dort, wo die Ereignisse stattfinden, ist der Platz der Kunst. Der Betrachter ist ein Miterlebender seiner kritischen Gedanken – in der Fabrikhalle, in der Tankstelle, in der Kirche oder in einer ehemaligen „Türkenwohnung" (Titel des Projekts) löst die direkte Konfrontation mit seiner Kunst ein Nachdenken über Gewalt und Gegengewalt aus.

Olaf Metzel, Teilnehmer der documenta 8, 1987, reagiert sensibel auf konkrete Situationen auch dann, wenn seine plastische Konzeption unmittelbar auf Architektur bezogen ist. Das verdeutlichte die Arbeit auf der documenta 8 und beispielsweise ein jüngeres Projekt von 1993 für das Goethe-Institut in München, eine freistehende dreiteilige Wendeltreppe als Symbol der Völkerverständigung durch Bildung. Das ca. 10 m hohe Projekt ist in sich so verschachtelt, daß man, könnte man es ersteigen, oben in einem Gewirr von Gestängen anlangte. Selbst die Aussicht, die Hoffnung bliebe beklemmend.

Laudatio • Karl Oskar Blase
Bei der letzten Preisverleihung an Reiner Ruthenbeck im documenta-Jahr 1992 habe ich gesagt, daß es nicht immer die lautesten Töne sind, die uns zur Preisentscheidung veranlassen, und nannte als Beispiel Wolfgang Laib, den Blütenstaubkünstler (Bode-Preisträger von 1987), dessen stille, einfühlsame, nachspürbare Konzeption signifikant ist. Eher ein kontemplatives Erlebnis.

Heute, das ist wenigstens der erste und äußere Eindruck, veranstalten wir gewissermaßen ein Kontrastprogramm. Was Olaf Metzel auszeichnet, ist seine direkte, unverblümte Ansprache, eine auf den Kern des Problems gebrachte Aussage. Offensichtlich nicht in leisen Tönen, aber doch den Betrachter oder Benutzer irritierend und letztlich aufklärerisch mit einbeziehend. Olaf Metzel ist ein Künstler, der kein beruhigendes Gewissen vermittelt, auch keine Fragen stellt, sondern der uns mit Tatsachen, Tatorten konfrontiert, die ihre eigene ästhetische, zur tieferen Einsicht zwingende Kraft entfalten.

Seine protestierend wirkenden Objekte, die aus banalen, dem Alltagsleben entnommenen Gegenständen bestehen, die zu Artefakten, zu künstlerischen Aussagen herangezogen werden, sind provozierend in ihrer Kombination (der Begriff Komposition taugt hier wenig), und besonders in ihrem Bezug zum Ort, zum Raum und zum „Zeitraum" (im eigentlichen Wortsinn) sind sie relevant. Wohl seine bekannteste Arbeit, die auch eine gewisse Wende zur Popularität hin bedeutet, ist in diesem Verständnis die Skulptur auf dem Kurfürstendamm mit dem Titel „13.04.1981", 1987.

Leichtsinnigerweise hat der Berliner Senat zur 750-Jahr-Feier die Prachtstraße Berlins, das Aushängeschild damals, zur Kunstmeile erhoben, wohl um der Stadt mehr Glanz zu verleihen, ohne zu ahnen, daß der Kudamm für Berlin auch so etwas wie ein gesellschaftliches Gedächtnis hat, das einen Künstler wie Olaf Metzel zur höchsten Inspiration auflaufen läßt. Er war eingeladen, sich zu beteiligen.

Ein chaotischer Haufen, ein Gerümpelturm, bestehend aus überdimensionalen polizeigerechten Absperrgittern, aus vergrößerten Bettgestellen und Einkaufswagen

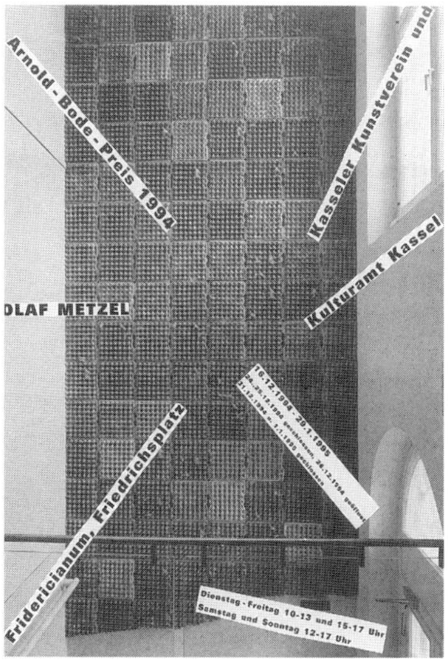

und riesengroßen Pflastersteinen verdeutlicht eine konkrete „Denkmal-Zeit", nämlich von Krawallen 1981 bis zum Skulpturenboulevard 1987. Der Raum, der Ausstellungsraum, war provokant am Kudamm gegenüber dem Café Kranzler gewählt und löste ein weltweites Medienecho aus. Vielleicht war Olaf Metzel von der verstörenden, aggressiven Wirkung seiner Arbeit selber etwas überrascht, denn immer und eigentlich will er doch nur aufzeigen, nicht schulmeisterlich belehren, mit ästhetischen Mitteln der Moderne, wie sie Mucha, Schütte, Huber oder Kawamata benutzen, so daß er drei Monate später zur documenta 8 eine Arbeit herstellt, die vergleichsweise still, ja kaum auffallend war, sich anpassend gab: die Arbeit im Treppenhaus des Fridericianums. Die Doppelsinnigkeit der Eierkartons (aus Beton neugegossene Formen) traf ein Problem der Architektur, das hier in der Ausstellung gewissermaßen noch einmal verkantet dargestellt ist, so, als wollte er damit sagen: Ihr habt es damals nicht richtig gesehen, jetzt zeige ich es euch nochmals, und zwar andersrum (horizontal statt vertikal), jetzt, nach sieben Jahren, müßte es auch dem letzten Ausstellungsbesucher auffallen, aufgehen, um was es geht.

Es sind also doch auch hier die leisen Töne, die bei Olaf Metzel möglich sind, die vielleicht die Stärke seiner Arbeit ausmachen, die betroffene Nachdenklichkeit beim Betrachter auslösen. Ein Blick auf sein zeichnerisches Werk, immer ein Gradmesser künstlerischer Arbeit, läßt diese Vermutung zur Gewißheit werden. Der Barrikadenturm von Berlin ist in der eindimensionalen graphischen Form ein in sich geordnetes

1996
Nach dem Ausscheiden von Peter M. Bode wird Nele Riehle, Tochter von Arnold Bode, in das Kuratorium berufen.

sensibles Blatt. Hier ist das Wort Komposition wieder angemessen. Die Vorzeichnungen zu Projekten wie „Stammheim" und „Türkenwohnung" oder „Tankstelle Landsberger Straße" zeigen, wie behutsam der Künstler sein Thema umkreist (umgarnt). Die Werkzeichnungen verdichten sich fast zur Malerei. Die widerspenstige Wendeltreppe von München ist in der Zeichnung ein gezähmtes Wesen, die Schönheit der geschwungenen Linie offenbarend.

Dies muß man auch wissen, um Olaf Metzel richtig schätzen, einschätzen zu können. Denn seine Materialien in den fertigen Objekten sind Beton, Eisen, Sperrmüll und umkreisen offenbar schonungslos gesellschaftliche, kulturelle Sachverhalte. In ihren Proportionen veränderte Zeichen der Zeit, wirken sie doch letztlich verstörend, aufdeckend, aufklärend. Aber, und ich möchte zum Schluß auf den letzten Satz des Begründungstextes in der Verleihungsurkunde kommen, wo es in bezug auf die Wendeltreppen-Plastik heißt: „Könnte man das Objekt ersteigen und käme oben in einem Gewirr von Gestängen an, selbst die Aussicht, die Hoffnung bliebe beklemmend."

Brausch, Annette: Olaf Metzel erhält Arnold-Bode-Preis 1994. In: Kassel kulturell. 12/1994. S. 18.
Schwarze, Dirk: Wo das Gewöhnliche auffällig wird. In: Hessische/Niedersächsische Allgemeine, 16.12.1994.
Lehnart, Ilona: Bode-Preis: Würdigung „über den Tag hinaus". In: Hessische/Niedersächsische Allgemeine, 18.12.1994.
Hohmeyer, Jürgen: Apocalypse im Koffer. In: Der Spiegel. 51/1996.

1996 Tony Oursler

Preisverleihung •
24. November 1996 im Kasseler Kunstverein, innerhalb einer Ausstellung von aktuellen Arbeiten des Preisträgers. Die Laudatio hält Kasper König, Rektor der Städelschule Frankfurt/Main (frei vorgetragen).

Text der Verleihungsurkunde •
Mit Tony Oursler wird ein Künstler ausgezeichnet, der Formen der traditionellen Kunst mit Techniken der elektronischen Medien verbindet und formal wie inhaltlich Probleme der Menschen heute thematisiert.

Tony Oursler, 1957 in New York geboren und dort lebend, hat bereits an der documenta 8, 1987, mit einer Videoarbeit („Evol") teilgenommen, von der er selbst schreibt, „daß die Teilnehmer (Betrachter) ... zur Beschreibung der Dimension ihrer persönlichen geistigen Topographie gezwungen sind". Tony Oursler zieht die Besucher seiner dramatischen, manch-

mal gespenstisch wirkenden Installationen in Bann. Ein traumatischer Raum entsteht, mit Gegenständen der primitiven Fetischwelt und modernster Videotechnik. Tony Oursler will indes nicht vordergründig erschrecken, auch nicht belehren, wenn Menschen ersatzweise durch puppenähnliche Figuren dargestellt und mit den Mitteln der Videoprojektion in allegorische, virtuelle Wirklichkeiten versetzt werden.

Auf der documenta 9, 1992, zeigte Tony Oursler seine Arbeit „The Watching" im Treppenhaus des Fridericianums. Der Besucher konnte das Kunstwerk annehmen oder vorbeigehen. Aber selbst das nur flüchtig Wahrgenommene hatte nachhaltige Wirkung.

Es ist dem Künstler gelungen, die heutige Mediengesellschaft mit ihrem Kultur- und Sozialverhalten kritisch zu konfrontieren. Die künstlerische und analytische Auseinandersetzung mit den neuen technischen Medien unter Einbeziehung bekannter visueller Methoden weisen Tony Oursler eindrucksvoll als multimedialen Künstler unserer Zeit aus.

Schwarze, Dirk: Bode-Preis an Videokünstler. In: Hessische/Niedersächsische Allgemeine, 15.5.1996.
Schwarze, Dirk: Wie Übungen im Atelier. In: Hessische/Niedersächsische Allgemeine, 25.11.1996.

Richard Hamilton

Preisverleihung •
22. September 1997 in der documenta-Halle, eingebunden in das documenta 10-Veranstaltungsprogramm „100 Tage – 100 Gäste". Die Laudatio hält der Kunstwissenschaftler Sarat Maharaj, London.

Text der Verleihungsurkunde •
Der 1922 in London geborene und in Henley-on-Thames lebende Künstler hat bereits mit seinem Bild „Just what is it that makes today's homes so different, so appealing?", das zu den Inkunabeln der Pop-Art zählt, Kunstgeschichte gemacht. In seinem sich ständig aktualisierenden, Medien reflektierenden, mit den Medien spielenden Werk hat sich Richard Hamilton auf vielschichtige und doch anschauliche, auf so intellektuelle wie vergnügliche Art und Weise mit dem Verhältnis von Bild und Wirklichkeit, von Wahrnehmung und Warenwelt auseinandergesetzt.

Auf der documenta X zählt sein simulierter Galerieraum („Seven Rooms") zusammen mit dem Typosophischen Pavillon von Ecke Bonk – eine Kooperation im Geiste des von beiden verehrten Marcel Duchamp – zu den herausragenden Ereignissen.

Das Kuratorium würdigt mit seiner Entscheidung ein künstlerisches Lebenswerk, das seine Faszination aus der wechselseitigen Inspiration von malerischer Tradition und einem konsequent modernen Bildverständnis bezieht.

Schwarze, Dirk: Georgsdorf im Kuratorium. In: Hessische/Niedersächsische Allgemeine, 28.5.1997.
C.S.: Kasseler Bode-Preis geht an Richard Hamilton. In: Hessische/Niedersächsische Allgemeine, 15.7.1997.
Schwarze, Dirk: Wenn Bilder von Bildern erzählen. In: Hessische/Niedersächsische Allgemeine, 16.7.1997.
Schwarze, Dirk: Sarat Maharaj. In: Hessische/Niedersächsische Allgemeine, 22.9.1997.
Schwarze, Dirk: Hamilton erhielt den Bode-Preis. In: Hessische/Niedersächsische Allgemeine, 24.9.1997.

1997

Als Nachfolger von Karl Oskar Blase, ab 1998 Ehrenvorsitzender, wird Heiner Georgsdorf in das Kuratorium berufen.

Penny Yassour

Preisvergabe •
21. November 1999 im Kasseler Kunstverein mit der Präsentation einer mehrteiligen Arbeit der Preisträgerin.

Text der Verleihungsurkunde •
Die 1950 in Israel geborene und im Kibbuz Ein Harod lebende Künstlerin ist durch eindrucksvolle Installationen auf der documenta X und der Berliner Ausstellung „Deutschlandbilder" aufgefallen.

Das Kuratorium würdigt mit seiner Entscheidung eine rigide künstlerische Haltung. Penny Yassour umkreist in ihren Arbeiten die Verfolgung und Ermordung der Juden in der Nazi-Zeit.

In obsessiver Erinnerungsarbeit befragt und manipuliert sie historische Dokumente wie Baupläne und Landkarten, immer in Erwartung überraschend zufallender Erkenntnisse, unwillentlich freigegebener Informationen, um so einer tieferen Wahrheit auf die Spur zu kommen.

Nach dem Prinzip dieser „Involuntary Memory" gelingen ihr ungewohnte, jenseits der Klischees und Erwartungen liegende Inbilder, die zu dem undarstellbaren Thema Holocaust die gebotene Distanz wahren und doch tief berühren.

Laudatio • Galia Bar-Or, Direktorin des Museum of Art, Ein Harod, Israel
Penny Yassours Kunstkonzept steht in Verbindung mit Künstlern und Künstlerinnen wie Gordon Matta-Clark, Robert Smithson und Vito Acconci und deren Engagement für die Erforschung des Raumes als einem psychologischen und sozialen Terrain. Diese Künstler können als Post-Minimalisten oder konzeptuelle Künstler betrachtet werden, ihre Auffassung wird geformt durch den Dialog mit den unterschiedlichen Gebieten der Naturwissenschaften, der Architektur und der Anthropologie – alles Wissenschaftsgebiete außerhalb des Kunsthochschul-Establishments. Vito Acconci studierte sowohl Literatur als auch Kunstgeschichte, Matta-Clark studierte Architektur. Sie bewegten die Kunst hin zu einer Diskussion, die sie vom Objekt zum Ort entbildlicht, indem sie sich mit kulturellen Paradoxen befaßt.

Im Rahmen ihres Studiums und ihrer Arbeit in der geographischen Abteilung der Universität Haifa während der siebziger Jahre wurde sich Penny Yassour eines für sie sehr bedeutsamen, aktuellen Dialogs bewußt. Bei diesem Dialog geht es darum, in welchem Maß die Muster des Raumes sich auf soziale Inhalte und Informationen projizieren. Der Fachbereich Geographie in Haifa war sehr offen für neue Ideen, die aus diesem theoretischen Diskurs entstanden, beeinflußt unter anderem von Foucault und Jameson. Dies entsprach der Tendenz zum Überschreiten der Trennungslinien zwischen den einzelnen Disziplinen (zwischen Naturwissenschaften, Geisteswissenschaften, Sozialwissenschaften) und der Einsicht, daß unterschiedliche Forschungsbereiche unterschiedliche Möglichkeiten bieten, die Dinge zu betrachten. Mit ihrer Kunst entwickelte Yassour einen Dialog mit Joseph Beuys und seinem utopischen Projekt einer interdisziplinären Aka-

demie. Sie blieb jedoch mißtrauisch gegenüber dem Fetischismus von Objekt und Macher.

Gegen Ende der siebziger Jahre untersuchte Yassour „geistige Landkarten" und „Umwelt-Bilder", indem sie die Umgebung analysierte – und Landkarten, die Mitglieder des Kibbuz Ein Harod auf ihre Bitte hin gezeichnet hatten. Die geistigen Landkarten der Ein-Harod-Mitglieder dokumentierten die subjektiven Wechselbeziehungen zwischen der Wirkung der Umgebung auf die Wahrnehmung des Individuums und der Projektion seines psychologischen, kulturellen und politischen Bewußtseins darauf. Diese Forschungsarbeit ist wichtig zum Verständnis von Penny Yassours künstlerischer Entwicklung während der 80er und 90er Jahre.

Während der zweiten Hälfte der Achtziger konzentrierte sich Penny Yassour auf niedrige räumliche Skulpturen (Eisenblech mit Zink-Graphit), ein Hinweis auf die panoramischen Perspektiven der städtischen Randbezirke. Trotz ihrer quasi minimalistischen Qualitäten sprachen diese kompakten Skulpturen keine formalistischen Fragen der künstlerischen Sprache an, sondern eher die Subjekt-Objekt-Beziehung, die Bewegung im Raum und die Variationen der Perspektivpunkte, welche den Raum als geistige Landkarte ausmachen. Aus diesen panoramischen Betätigungsfeldern erwuchs den Skulpturen von Räumen und paradoxen Strukturen ein anziehendes und gleichzeitig abstoßendes Gefühl – es war un-heimlich, ein Gefühl, das überall da entsteht, wo etwas kulturell oder psychologisch unterdrückt und verdrängt wird. Während der 90er Jahre wurde dieses Gefühl der Bedrohung und der Angst, das von dieser Arbeit ausging, extrem. Sie umfaßte nun auch Theaterarbeit und eine weitergehende Behandlung des Ausstellungsraums, z.B. die Decke, den Fußboden und die Beleuchtung, Installationen in quasi-architektonischen Gebäuden, auf Arbeitstischen und in Lagerräumen. Yassour intensiviert nun den Konflikt zwischen dem subjektiv Physischen, der psychologischen Erfahrung und dem System des autoritären Gebäudes mit grotesk anmutenden Skulpturen aus Materialien wie Gummi, Schwefel, Brot und anderen Überresten der fragmentierten körperlichen Existenz.

Obwohl ihre Werke oft von einem Dialog mit einem tatsächlichen Ort genährt werden, wurde dieses spezielle Ausstellungsstück hergestellt, ohne daß vorgefertigtes Material – wie z.B. Fotografien – über diesen Ort verwendet worden wäre. Die Vermeidung solch direkter Identifikation steht für den Versuch, einen zugleich fiktiven Ort entstehen zu lassen, um verschiedene, individuell bewußte und metaphorische Bewegungen des Werks beim Betrachter in Bewegung zu setzen. (Aus dem Englischen von Stefani Ross)

Georgsdorf, Heiner: Penny Yassour erhält den Arnold-Bode-Preis der Stadt Kassel 1999. In: Kunstverein + Kunsthalle. 3/1999. S. 12-14.
Schwarze, Dirk: Die geistigen Landkarten. In: Hessische/Niedersächsische Allgemeine, 19.6.1999. Auch in: Kunstverein + Kunsthalle. 3/1999. S. 12.
Schwarze, Dirk: Im Dienste der Erinnerung. In Hessische/Niedersächsische Allgemeine, 22.11.1999.
Georgsdorf, Heiner: Verleihung des Arnold Bode Preises 1999. In: Kunstverein + Kunsthalle. 4/2000. S. 64-65.

1999

Als Nachfolger von Catherine David wird Okwui Enwezor, Leiter der documenta 11 (2002), in das Kuratorium berufen.

Eine Initiative des Kuratoriums-Ehrenvorsitzenden Karl Oskar Blase, die Auszeichnung in „Arnold-Bode-documenta-Preis" umzubenennen, um Stiftung und Lebenswerk Bodes sichtbarer als bisher miteinander zu verknüpfen, kann sich nicht durchsetzen.

2000

Geburtstag

Am 23. Dezember 2000 wäre Arnold Bode 100 Jahre alt geworden. Aus diesem Anlaß koordiniert die Stadt Kassel ein Veranstaltungsprogramm, in dessen Mittelpunkt der Arnold-Bode-Preis steht: Die Kunsthalle Museum Fridericianum zeigt eine Ausstellung von Richard Hamilton (Preisträger 1997), während der Kasseler Kunstverein Penny Yassour (Preisträgerin 1999) würdigt.

Hannsjörg Voth

1940
Geboren in Bad Harzburg.

1955 – 1958
Zimmermannslehre in Bremervörde.

1961 – 1965
Studium an der Staatlichen Kunstschule Bremen.

Seit 1969
freier Maler und Bildhauer.

Seit 1973
zahlreiche Projekte im Außenraum, u.a. „Feldzeichen" (Ingelsberg b. München, 1973-75), „Platz der Macht" (Neuenkirchen, 1975/76), „Reise ins Meer" (Ludwigshafen – Nordsee, 1976-78), „Boot aus Stein" (Ijsselmeer, Niederlande, 1978-81), „Himmelstreppe" (Marokko, 1980-87), „Goldene Spirale" (Marokko, 1993-98)

Lebt in München.

Teilnehmer documenta 6.

Mario Merz

1925
Geboren in Mailand.

Seit 1967
Installationen und Ausstellungen – hauptsächlich zum Thema „Iglu" – im In- und Ausland.

Lebt in Turin.

Teilnehmer documenta 5, 6, 7 und 9.

Gerhard Richter

1932
Geboren in Dresden. Aufgewachsen in Reichenau und Waltersdorf in der Oberlausitz (Sachsen).

1952 – 1957
Studium an der Dresdner Kunstakademie.

1961
Zieht nach Düsseldorf und studiert dort zwei Jahre bei K. O. Götz an der Kunstakademie. Hier lernt er Konrad Lueg, Sigmar Polke und Blinky Palermo kennen.

1962
„Tisch", ein Ölbild nach einem Zeitungsfoto, eröffnet das bis heute fortgeführte Werkverzeichnis mit der Nummer 1.

1963
Ausstellung „Demonstration für den Kapitalistischen Realismus" in Düsseldorf zusammen mit Konrad Lueg und Sigmar Polke.

1967
Gastdozent an der Hochschule für Bildende Künste in Hamburg. Kunstpreis „Junger Westen" der Stadt Recklinghausen.

1971 – 1994
Professur an der Kunstakademie Düsseldorf.

1972
Stellt im Deutschen Pavillon auf der 36. Biennale in Venedig aus.

1978
Gastprofessur am College of Art in Halifax, Kanada.

1985
Oskar-Kokoschka-Preis, Wien.

1986
Große Retrospektive in Düsseldorf, Berlin, Bern und Wien.

1988
Gastprofessur an der Städelschule Frankfurt/M. Kaiserring der Stadt Goslar. Retrospektive in Chicago, Toronto, Washington und San Francisco.

1989 – 1995
Der Gemälde-Zyklus „18. Oktober 1977" wird in Krefeld, Frankfurt/M., London, Rotterdam, Saint Louis, New York, Montreal, Los Angeles, Boston und Jerusalem gezeigt.

1993 – 1994
Große Retrospektive in Paris, Bonn, Stockholm und Madrid.

1995
Wolf-Preis, Jerusalem.

1997
Goldener Löwe der 47. Biennale von Venedig. Praemium Imperiale-Preis, Tokyo.

1998
Wexner-Preis, Columbus/Ohio.

Lebt in Köln seit 1983.

Teilnehmer documenta 5, 6, 7, 8, 9 und 10.

Gerhard Merz

1947
Geboren in Mammendorf.

1969 – 1973
Studium an der Kunstakademie München.

Seit 1975
zahlreiche Rauminszenierungen und Ausstellungen im In- und Ausland.

Lebt in Berlin.

Teilnehmer documenta 7, 8 und 9.

Walter Pichler

1936
Geboren in Deutschnofen (Südtirol).

1940
Übersiedelung nach Telfs (Österreich).

1952 – 1955
Besuch der Kunstgewerbeschule in Innsbruck.

1955 – 1959
Studium an der Wiener Akademie für angewandte Kunst.

1959
Erste plastische Arbeiten.

1963
Aufenthalte in New York und Mexico.

1965 – 1967
Redakteur der Architekturzeitschrift „Bau".

Ab 1972
Erwerb und Ausbau eines Hauses in St. Martin/Raab (Burgenland).

Teilnehmer documenta 4 und 6.

Ulrich Rückriem

1938
Geboren in Düsseldorf.

1957 – 1959
Steinmetzlehre in Düren.

1959 – 1961
Geselle an der Dombauhütte Köln, gleichzeitig Studium an den Kölner Werkschulen bei Ludwig Gies.

Ab 1963
Arbeit als freischaffender Künstler in Nörvenich bei Düren.

1968
Erste Skulpturen in Nörvenich durch Teilen und Wiederzusammenfügen von Steinblöcken.

1969
Übersiedelung nach Mönchengladbach. Gemeinsames Atelier mit Blinky Palermo. Erste Ausstellung in der Galerie Konrad Fischer Düsseldorf.

1974
Professur für Bildhauerei an der Hochschule für Bildende Künste Hamburg.

1984
Professur für Bildhauerei an der Kunstakademie Düsseldorf.

1988
Professur an der Staatlichen Hochschule für Bildende Künste Frankfurt/M., Städelschule.

Lebt in Clonegal (Irland).

Teilnehmer documenta 6, 7, 8 und 10.

Rebecca Horn

1944
Geboren in Michelstadt.

1964 – 1969
Studium an der Hochschule für Bildende Künste Hamburg.

1971 – 1972
DAAD-Stipendium in London.

1972 – 1979
Arbeitsaufenthalt in New York.

1974
Gastdozentin am California Art Institute, University of San Diego.

Seit 1979
New York, Paris und auf Reisen.

Teilnehmerin documenta 5, 6, 7 und 9.

Wolfgang Laib

1950
Geboren in Metzingen.

1968 – 1974
Medizinstudium an der Universität Tübingen.

Seit 1974
als Künstler tätig. Arbeiten mit Milch, Blütenstaub, Reis, Bienenwachs.

1980 – 1991
Aufenthalte im Fernen Osten und in New York.

Lebt in Hochdorf b. Biberach.

Teilnehmer documenta 7 und 8.

Edward Kienholz

1927
Geboren in Fairfield (Washington, USA)

1932 – 1945
Schulausbildung mit High-School-Abschluß.

1946 – 1951
Nach kurzem Besuch des Eastern Washington College of Education und des Whitmore College in Spokane Arbeit in zahlreichen Berufen. Als Künstler Autodidakt.

1952
Umsiedelung nach Los Angeles.

Ab 1955
Ausstellungen in verschiedenen Galerien.

Ab 1963
Entwicklung der Tableau-Arbeiten.

Seit 1972
Gemeinschaftsarbeit mit Nancy Reddin Kienholz.

Ab 1973
Nach DAAD-Stipendium regelmäßige Aufenthalte in Berlin.

1994
Gestorben in Hope (Idaho).

Teilnehmer documenta 4 und 5.

Nancy Reddin Kienholz

1943
Geboren in Los Angeles.

Seit 1972
Gemeinschaftsarbeit mit Edward Kienholz.

Lebt in Hope (Idaho), Houston (Texas) und Berlin.

Thomas Schütte

1954
Geboren in Oldenburg.

1973 – 1981
Studium an der Kunstakademie Düsseldorf bei Fritz Schwegler und Gerhard Richter.

1983 – 1988
Mitglied der Ateliergemeinschaft Hildebrandstrasse 13/15.

Seit 1979
zahlreiche Gruppen- und Einzelausstellungen im In- und Ausland.

Lebt in Düsseldorf.

Teilnehmer documenta 8, 9 und 10.

Reiner Ruthenbeck

1937
Geboren in Velbert.
Lehre und Tätigkeit als Fotograf.

1962 – 1968
Studium an der Kunstakademie Düsseldorf bei Joseph Beuys.

Ab 1968
Tätigkeit als freier Bildhauer. Zahlreiche Ausstellungen im In- und Ausland.

1975 – 1979
Gastdozent an der Hochschule für Bildende Künste Hamburg.

Seit 1980
Professor an der Kunstakademie Münster.

Lebt in Ratingen.

Teilnehmer documenta 5, 6 und 7.

Olaf Metzel

1952
Geboren in Berlin.

1971 – 1977
Studium an der Hochschule der Künste Berlin.

Seit 1990
Professor an der Akademie der Bildenden Künste München.

1995 – 1999
Rektor der Akademie der Bildenden Künste München.

Zahlreiche Ausstellungen im In- und Ausland, u.a. „Skulptur Projekte Münster" 1987 und 1997, „Sydney Biennale" 1990, „Istanbul Biennale" 1995.

Preise und Auszeichnungen (Auswahl): Villa Massimo Preis 1987, Kurt-Eisner-Preis 1990, Darmstädter Kunstpreis 1996.

Zahlreiche Skulpturen im öffentlichen Raum (u.a. Bonner Bundestag, Goethe Institut München), Projekte, Film- und Theaterproduktionen (u.a. mit Christoph Daum, Marlene Steeruwitz)

Lebt in München.

Teilnehmer documenta 8.

Tony Oursler

1957
Geboren in New York.

Studium am California Institute of the Arts, Valencia.

Lebt in New York.

Teilnehmer documenta 8 und 9.

Richard Hamilton

1922
Geboren in London.

1936 – 1937
Arbeit in der Werbung.

1938 – 1940
Studium Malerei an der Royal Academy, London.

1941 – 1945
Arbeit als Industriedesigner.

1948 – 1951
Studium Malerei an der Slade School, London.

Seit 1951
Planung und Beteiligung an zahlreichen Ausstellungen.

Seit 1952
Dozententätigkeit an verschiedenen Universitäten.

Lebt in Henley-on-Thames.

Teilnehmer documenta 4, 6 und 10.

Penny Yassour

1950
Geboren in Israel.

1972 – 1975
Studium Kunst und Geograpie an der Universität Haifa.

1988 – 1989
Geschichtsstudium an der Universität Tel Aviv.

Seit 1980
Zahlreiche Ausstellungen in Israel und Europa.

Lebt im Kibbuz Ein-Harod Ihud.

Teilnehmerin documenta 10.

Bildnachweis

Boris Blase: 26 o.
Karl Oskar Blase: 42 o.; 70 li.u.; 71 li.u.; 75; 81; 82; 98
Dirk Bleicker: 52
Jean Brasille: 54
Manuel Çitak: 57 o.
documenta Archiv Kassel: 14 u.; 15 u.; 16; 17; 51; 60 re.; 61
documenta Archiv, Foto Dirk Bleicker: 14 o.; 15 o.; 52 u.; Foto Frank Mihm: 22 o.; 95; Foto Dirk Pauwels: 22 u.; Foto R. Pötzscher: 58 u.; 59; 60 li.; Foto Richard Kasiewicz: 48 u.; 49
Ulrich Görlich: 55, 56
Richard Hamilton: 62-65
Nancy Reddin Kienholz: 42 u.-45
Wolfgang Laib: 38-41
Attilio Maranzano: 36; 37
Werner Maschmann: 48 o.
Roman Mensing: 54
Olaf Metzel: 56 o.
Ute Perrey: 34 o.
Walter Pichler: 26 u.-29
Penelope Price: 58 o.
Gerhard Richter: 18-21
Juan Garcia Rosell: 52 o.
Ulrich Rückriem: 30 u.-33
Thomas Ruff: 46 u.
Reiner Ruthenbeck: 50
Philipp Schönborn: 23-25
Thomas Schütte: 46 o.; 47
Dieter Schwerdtle: 80; 83; 108; 110-114
Stadtarchiv Kassel: 70 li.o., li.Mi., re.; 71 li.Mi.; 87
Stadtarchiv Kassel, Foto Hans-Joachim Baron: 72; Foto Renate Lehning: 74; 77; 78; 84; 86; 88; 90; 99-101; Foto Christiane Zschetzingck: 73
Andrea Stappert: 30 o.
Achim Thode: 34 u.; 35
Hannsjörg Voth: 10-13
Penny Yassour: 66-69
Rudolf Wakonigg: 53